Claudia Rothenberger

Kann es Gerechtigkeit geben?

Identität – Auf der Suche nach dem „Ich“

Zwei Unterrichtseinheiten für die Klassen 7/8

calwer materialien

Hinweise:
Bild- und Textnachweise sind jeweils an entsprechender Stelle vermerkt.

Im Interesse des Textflusses und der Leserfreundlichkeit werden in diesem Materialienheft weitestgehend geschlechterspezifische Termini gebraucht. Diese beziehen selbstverständlich jeweils die weibliche Form mit ein.

Abkürzungen

SuS: Schülerinnen und Schüler
L: Lehrkraft
FO: Folie
AB: Arbeitsblatt
EA: Einzelarbeit
UG: Unterrichtsgespräch
PA: Partnerarbeit
GA: Gruppenarbeit

Bibliografische Information der Deutschen Bibliothek

Die Deutsche Bibliothek verzeichnet diese Publikation in der Deutschen Nationalbibliografie; detaillierte bibliografische Daten sind im Internet über *https://www.dnb.de* abrufbar.

ISBN 978-3-7668-4547-4

Satz und Herstellung: Karin Class, Calwer Verlag
Umschlaggestaltung: Karin Sauerbier, Stuttgart
Druck und Verarbeitung: Mazowieckie Centrum Poligrafii –
05-270 Marki (Polen) – ul. Słoneczna 3C – www.buecherdrucken24.de

Internet: www.calwer.com
E-Mail: info@calwer.com

Inhalt

Kann es Gerechtigkeit geben? 4

Einleitung 4

Vorbemerkungen 5

Unterrichtsbausteine

I. Das fünfteilige Gedankenexperiment „Überleben auf einer einsamen Insel“ als strukturgebendes Element der ersten Doppelstunden 6

Situationsbeschreibung 7

Teil 1: Essensverteilung 7

Teil 2: Verhalten untereinander und Umgang miteinander 8

Teil 3: Umgang mit Regelbrüchen 9

Teil 4: Ein Fremder kommt auf die Insel 11

Teil 5: Ein Boot wird angespült 12

Materialien 13

II. Weitere Unterrichtsbausteine 24

1. Gerechtigkeit und Ungerechtigkeit im Lebensumfeld der Schülerinnen und Schüler 24
2. Prophetie am Beispiel des biblischen Propheten Amos 25
3. Verschiedene Arten von Armut 26
4. Film: Wer küsst schon einen Leguan? 26
5. Die Diakonie – Ein kirchliches Handlungsfeld 27
6. Fair Trade – Fairer Handel 27
7. Projekt: Fair Food – Fair Meal 28
8. Rückblick auf die Einheit / Organiser der Einheit 28

Materialien 29

Identität – Auf der Suche nach dem „Ich“ 40

Einleitung 40

Übersicht über die Unterrichtseinheit 41

Baustein 1: Individualität 43

Baustein 2: Identität 46

Baustein 3: Selbst- und Fremdwahrnehmung 48

Baustein 4: Rollen und Rollenzuschreibungen 53

Baustein 5: Bedürfnisse 55

Baustein 6: Vorbilder und Helden 60

Baustein 7: Das Gewissen 66

Baustein 8: Toleranz 70

Baustein 9: Christ sein – Kirche sein ... und wie ist das anderswo? 72

Baustein 10: Lebenswelten der Schülerinnen und Schüler – eine Ausstellung 78

Baustein 11: Der Film „Billy Eliot“ 81

Kann es Gerechtigkeit geben?

Einleitung

Der Bettler in der Bahnhofshalle, die Benotung in der Schule, die Bevorzugung von Geschwistern, der frühe Tod des Opas, der rücksichtslose Mitschüler… Die Liste von Ungerechtigkeiten, die Kinder und Jugendliche persönlich wahrnehmen und empfinden können, kann – ungeachtet dessen, ob objektiv nachweisbar oder subjektiv empfunden – nahezu beliebig lange fortgesetzt werden.

Kinder haben im Laufe ihrer Entwicklung sehr differenzierte, jedoch auch ständig wechselnde Vorstellungen davon, was sie als gerecht und ungerecht empfinden – oft weit von rational zugänglichen Begründungen entfernt, dagegen phasenweise rein den individuellen, temporären Präferenzen und persönlichen Ausrichtungen entsprungen.

Kann diese Vielfalt, können diese unterschiedlichen Zugänge zu dem abstrakten Begriff „Gerechtigkeit" für Mittelstufenschüler überhaupt annähernd nachvollziehbar sortiert, gebündelt und ansatzweise abstrahiert werden, so dass eine erste Differenzierung weg vom Ich hin zu einem globaleren Verständnis des Konzeptes „Gerechtigkeit" gelingen kann?

Mit dem Wissen um die Pluralität der elementaren Erfahrungen der Schülerinnen und Schüler kann man beginnen, gemeinsam mit ihnen über den Tellerrand der eigenen Komfortzone hinauszublicken – durch sensible Perspektivwechsel und das Einüben und Reflektieren von Empathie.

Diese Sammlung von Unterrichtsbausteinen möchte hierzu Impulse geben, die – individuell ausgewählt und kombiniert – die Lerngruppe auf einen gemeinsamen Weg über etwa zehn Doppelstunden schickt, auf dessen Abschnitten das Thema „Gerechtigkeit" aus unterschiedlichen Perspektiven und unter verschiedenen Aspekten beleuchtet, wahrgenommen und reflektiert wird. Erkennen, Analysieren, Verstehen und – wo möglich kriteriengestützte – Lösungsorientierung sollen hierbei zu Leitbegriffen des Lernprozesses werden.

Zeichnung: Christian Krecsir

Vorbemerkungen

Die vorliegenden Unterrichtsbausteine dienen als Steinbruch und Hilfe bei der Entwicklung eines eigenen, individuellen Unterrichtsmoduls zum Thema „Gerechtigkeit". Sie können in ihrer Abfolge – komplett oder in Teilen – übernommen, reduziert, erweitert oder auch neu kombiniert werden, um so eine Unterrichtseinheit mit eigener Schwerpunktsetzung und Zielrichtung hervorzubringen. Bei Bausteinen, die sich für alternative Formen der Leistungsmessung eignen, ist dies genannt.

Das Gedankenexperiment zum Überleben auf einer einsamen Insel erstreckt sich über fünf Teile, die jeweils einen narrativen Input enthalten und einen Arbeitsauftrag für Kleingruppen. Die berührten Themen können darüber hinaus durch die angegebenen Bausteine um biblische Bezüge und weitere inhaltliche Perspektiven erweitert und somit vertieft werden.

Folgende prozess- und inhaltsbezogene Kompetenzen des Bildungsplans (Baden-Württemberg, 2016) Klasse 7/8 können mit den vorgestellten Unterrichtsbausteinen gefördert werden:

Prozessbezogene Kompetenzen

Die Schülerinnen und Schüler können

- Situationen erfassen, in denen letzte Fragen nach Grund, Sinn, Ziel und Verantwortung des Lebens aufbrechen
- religiöse Phänomene und Fragestellungen in ihrem Lebensumfeld wahrnehmen und sie beschreiben
- in ethischen Herausforderungen mögliche religiös bedeutsame Entscheidungssituationen identifizieren
- Texte, insbesondere biblische, sachgemäß und methodisch reflektiert auslegen
- den Geltungsanspruch biblischer und theologischer Texte erläutern und sie in Beziehung zum eigenen Leben und zur gesellschaftlichen Wirklichkeit setzen
- angemessenes Verhalten in religiös bedeutsamen Situationen reflektieren

Inhaltsbezogene Kompetenzen

Die Schülerinnen und Schüler können

- Ursachen von Konflikten analysieren und Perspektiven für konstruktive Lösungen aufzeigen
- Kriterien für gerechtes Handeln (zum Beispiel Thora, Goldene Regel, jedem nach seiner Leistung, jedem das Gleiche, jedem nach seinem Bedarf) an Beispielen (Kleidung, Ernährung, Leistung, Besitz) überprüfen
- Zusammenhänge zwischen prophetischem Wirken und Gerechtigkeit aufzeigen
- sich mit einem kirchlichen Handlungsfeld auseinandersetzen (Diakonie)

Unterrichtsbausteine

I. Das fünfteilige Gedankenexperiment „Überleben auf einer einsamen Insel“ als strukturgebendes Element der ersten Doppelstunden

Die Unterrichtseinheit beginnt mit der Situationsbeschreibung des Gedankenexperiments zum Überleben auf einer einsamen Insel und der Durchführung dessen ersten Teils (Essensaufteilung).
Zu Beginn jeder weiteren Unterrichtsstunde wird – als eine Art roter Faden – der jeweils nächste Teil des Gedankenexperiments durchgeführt, um so die verschiedenen Aspekte von Gerechtigkeit sukzessiv zu erarbeiten. Hier steht vor allem die Methode der Metaplankartenpräsentation im Mittelpunkt, welche die Möglichkeit einer nachfolgenden Gruppierung und Strukturierung sowie der finalen Fixierung auf Postern bietet. Je nach Lerngruppe und deren Größe kann dies in Klasse 7 noch etwas anspruchsvoll sein. Beschränkt man sich auf die bloße Sammlung der Arbeitsergebnisse, können die Erarbeitung und Ergebnispräsentation auch auf Folie oder Poster geschehen. Im Anschluss folgen jeweils weitere Unterrichtsschritte, die das Thema „Gerechtigkeit“ biblisch und gesellschaftlich bearbeiten.

Übersicht über das Gedankenexperiment „Überleben auf einer einsamen Insel“ und die daran anknüpfenden Themen und Bibeltexte sowie die benötigten Materialien:

Teil	Inhalt/Problemstellung	Themen und Aspekte	Bibeltexte	Benötigte Materialien
0	Situationsbeschreibung			
1	Essensverteilung	Gerechtigkeitsprinzipien	Die Arbeiter im Weinberg (Mt 20,1–16)	Metaplankarten Magnete Poster M 1 Bibel
2	Verhalten untereinander und Umgang miteinander	Regeln und Gesetze	Biblische Weisungen: Die Zehn Gebote (Ex 20) Die Goldene Regel (Mt 7,12) Das Doppelgebot der Liebe (Mt 22,37–40)	Metaplankarten Magnete Poster M 2 Bibeln
3	Umgang mit Regelbrüchen	Justitia – Gericht und Strafe		Metaplankarten Magnete M 3
4	Ein Fremder kommt auf die Insel	Umgang mit Fremden Nächstenliebe Diakonisches Handeln	Vom Weltgericht (Mt 25,31–46)	Metaplankarten Magnete Bibeln M 4
5	Ein Boot wird angespült	Rettung in Sicht! Beendigung des Gedankenexperiments		Metaplankarten Magnete Poster M 5

Beschreibung des Ablaufs und der Durchführung der einzelnen Teile des Gedankenexperiments mit weiterführenden Arbeitsaufträgen

Erzählvorlage des Gedankenexperiments ohne Unterbrechung der Unterrichtsschritte auf Seite 13/14.

Situationsbeschreibung

Stellt euch vor, ihr seid auf dem Rückflug einer schönen Urlaubsreise. Ihr seid gut erholt und freut euch auf zu Hause und auch schon ein bisschen wieder auf den Alltag. Doch alles kommt ganz anders als geplant: Euer Flugzeug hat einen technischen Defekt und muss notwassern. Ihr könnt zwar das Flugzeug unbeschadet verlassen und euch in eines der Schlauchboote retten, jedoch treibt ihr ohne euer Gepäck, d.h. also auch ohne Handy, ohne Essen und ohne Ersatzkleidung, orientierungslos mitten im Meer. Paddel, Kompass und Karte sind weit und breit nicht zu entdecken. Nach einigen Stunden treibt ihr auf eine kleine Insel zu. Mit vereinten Kräften gelingt es euch, mit den Armen und Händen an die Küste der Insel zu paddeln. Schnell wird klar: Dort an Land zu gehen ist deutlich besser als das ewige Geschaukel im Schlauchboot auf dem Ozean. Gesagt – getan. Da sich sogar die Sonne etwas zeigt, seid ihr auch schnell wieder getrocknet und euch wird bewusst, was für ein Glück ihr hattet, diese Notlandung überlebt zu haben und dann auch noch wohlbehalten irgendwo an Land gelangt zu sein. Ihr findet sogar einen Bach mit klarem Wasser und könnt daraus trinken.

Teil 1: Essensverteilung

Jedoch schon ein paar Stunden später macht sich langsam der Hunger breit. Immer mehr Mägen beginnen zu knurren und die Laune sinkt deutlich. Vor allem den Kindern und älteren Menschen geht es nicht mehr so gut. Viele können sich kaum mehr auf den Beinen halten nach der Anstrengung. Euch wird klar: Wir brauchen etwas zu essen! Aber weder ein Supermarkt noch ein Restaurant ist auf der Insel irgendwo zu finden.

Fragen an SuS:
Welche Möglichkeiten der Essensbeschaffung habt ihr nun?

➢ *Früchte, Kräuter, Gemüse, Wurzeln, Pilze sammeln, Tiere jagen/angeln …*

Beginnt auch schon mal etwas längerfristig zu denken!

➢ *Nahrungsmittel anpflanzen, z.B. aus Samen und Kernen der Funde*

Also, euch ist klar, um eure Versorgung müsst ihr euch selbst kümmern. Da jedoch beim Anblick der nörgelnden Kinder und schwächeren Personen schon absehbar ist, dass nicht jeder losziehen und für sich selbst sorgen kann, braucht ihr Regeln für die Essensverteilung, damit ihr nicht jedes Mal in Streit geratet, wenn ihr etwas Essbares findet, einen Fisch fangt, einen Hasen erlegt oder eine gute Ernte ansteht.

Arbeitsauftrag zum Gedankenexperiment:

- ➢ Gruppenarbeit mit Regeln auf Metaplankarten: Stellt diese Regeln für eine gerechte Essensverteilung auf und haltet fest, warum diese unbedingt gelten müssen (Begründung)
- ➢ Die Gruppen präsentieren nacheinander ihre Regeln (Metaplankarten für alle sichtbar) mit Begründungen
- ➢ Gemeinsames Aussortieren doppelter oder ähnlicher Regeln und Gruppieren von „verwandten" Regeln im Plenum
- ➢ Dokumentation der Regeln durch Aufkleben der verbliebenen Metaplankarten auf ein Poster

Erarbeitung und Bewertung von Gerechtigkeitsprinzipien:

Überprüfung der Regeln auf „Gerechtigkeitsprinzipien" im Unterrichtsgespräch *(Verteilung nach Leistung, nach Bedarf, jedem das Gleiche)*

- Festhalten der vorgefundenen Gerechtigkeitsprinzipien im Übersichtsblatt **M 1**
- Abwägen und Notieren von Vor- und Nachteilen der einzelnen Gerechtigkeitsprinzipien in den Pfeilen gemeinsam oder in Einzel- oder Partnerarbeit mit anschließender Besprechung im Plenum. Hierfür können die Pfeile auf Folie kopiert und an einzelne SuS verteilt werden
- Bewertung der Anwendbarkeit der Gerechtigkeitsprinzipien in Hinblick auf das Gedankenexperiment im dazwischenliegenden Sechseck durch Smileys oder +/-/0

Anwendung auf das Gleichnis von den Arbeitern im Weinberg:

Hinführung:

Unterrichtsgespräch

- Was haben die Menschen zur Zeit Jesu gegessen und getrunken? (*Wein sollte genannt werden*)
- Was gab es wohl eher noch nicht? Warum?
- Aus was wird Wein hergestellt?

Überleitung zum Gleichnis „Von den Arbeitern im Weinberg":

Jesus erzählt eine Geschichte in Form eines Gleichnisses – es heißt „Das Gleichnis von den Arbeitern im Weinberg". Dieses lernen wir heute kennen und prüfen, ob ihm auch eines unserer Gerechtigkeitsprinzipien zugrunde liegt. Es steht im Matthäusevangelium (Mt 20,1–16).

Erarbeitung:

- Gleichnis vorlesen bis einschließlich Vers 8
- Kurze Erklärung zum Wert eines Denars/Silbergroschens (*sichert Lebensunterhalt für einen Tag*) und Unterrichtsgespräch über die Frage, welchen Lohn die SuS auszahlen würden und warum (will man eine Festlegung erreichen, kann man die SuS den Betrag auf kleine Zettel schreiben lassen, einsammeln und nach dem Betrag sortiert in eine Linie legen)
- Gleichnis zu Ende vorlesen
- Unterrichtsgespräch über die Frage, ob/warum das Gleichnis ein gutes Beispiel für gerechtes Handeln ist/ sein kann oder ob man in ihm eine andere, klarere Botschaft erkennen kann? (*Darauf abzielend, dass es um die Überlebenssicherung für jeden geht – das Gerechtigkeitsprinzip: jedem das, was er braucht – nicht um Aufrechnung von erbrachter Leistung*)
- Wenn noch nicht geschehen: Unterrichtsgespräch auf die Frage lenken, auf Grund von welchem Gerechtigkeitsprinzip man hier von Gerechtigkeit sprechen kann (*es scheint zunächst wie „jedem das gleiche", wenn man aber zuvor klargestellt hat, dass man mit einem Denar/Silbergroschen den Lebensunterhalt für einen Tag gesichert hat, wird deutlich, dass es sich um „jedem das, was er braucht" handelt*)

Teil 2: Verhalten untereinander und Umgang miteinander

Ihr habt nun eine Woche auf der Insel überlebt – wegen des Essens gab es keinen Streit, eure Regeln haben offensichtlich funktioniert. Es war aber in dieser Woche auch nicht schwer, Essbares aufzutreiben und somit hatte jeder reichlich, bis er satt wurde. Dennoch kam es auf Grund anderer Themen immer wieder zu kleineren Auseinandersetzungen und Streitigkeiten, z.B. bei …

kurz unterbrechen und SuS Streitpunkte im UG sammeln lassen

Dies ärgert euch und ihr wollt es zukünftig verhindern. Da eure Essensregeln so erfolgreich zu sein scheinen, trefft ihr euch ein erneutes Mal, um Regeln aufzustellen – diesmal für euren Umgang miteinander:

Arbeitsauftrag zum Gedankenexperiment:

- Gruppenarbeit mit Regeln auf Metaplankarten: Was wollt ihr zukünftig tun und was wollt ihr lassen, damit euer Zusammenleben harmonischer wird? Stellt diese Regeln für den Umgang miteinander auf und haltet fest, warum diese unbedingt gelten müssen (*Begründung*)
- Die Gruppen präsentieren nacheinander ihre Regeln (Metaplankarten für alle sichtbar) mit Begründungen
- Gemeinsames Aussortieren doppelter oder ähnlicher Regeln und Gruppieren von „verwandten" Regeln im Plenum
- Dokumentation der Regeln durch Aufkleben der verbliebenen Metaplankarten auf ein Poster

- Vergleich der erarbeiteten und dokumentierten Regeln mit verschiedenen biblischen Weisungen (10 Gebote / Goldene Regel / Doppelgebot der Liebe) mit Hilfe von **M 2**:
- Im Außenkreis werden die drei biblischen Weisungen notiert (Bezeichnung + Wortlaut oder Kurzzusammenfassung), im Innenkreis die erarbeiteten Regeln zugeordnet (vom Poster übernehmen).
- Abschließendes UG im Plenum über die Anwendbarkeit der biblischen Weisungen beim Inselexperiment und über ihre Aktualität im Blick auf unser Leben in der heutigen Zeit

Mögliche Leitfragen zum Unterrichtsgespräch:

- Kann man die biblischen Weisungen als eine Art Zusammenfassung der von uns gesammelten Regeln verstehen? Warum (nicht)?
- Können sie helfen, den Problemen des Zusammenlebens auf der Insel zu begegnen und sie zu lösen?
- Können sie auch in eurem Alltag mit eurer Familie, in der Schule oder mit euren Freunden hilfreich sein? Warum (nicht)?

Teil 3: Umgang mit Regelbrüchen

Eine weitere Woche ist ins Land gezogen und ihr seid zwischenzeitlich ziemlich stolz auf euer Miteinander und euer Zusammenleben. Es gibt immer noch ausreichend zu essen und eure vereinbarten Regeln werden von der Mehrheit akzeptiert und eingehalten. Sie scheinen sich also zu bewähren. Nur ab und zu kommt es zu Verstößen gegen die Regeln: jemand nimmt jemand anderem etwas weg oder wird laut und unverschämt, wenn etwas nicht seinem Willen entsprechend geschieht. Obwohl es nicht oft passiert, wollt ihr dennoch nicht länger tatenlos zusehen, denn zum einen seht ihr es als störendes und ungerechtes Verhalten an, das ihr in eurer Gruppe nicht tolerieren wollt, und zum anderen habt ihr ein wenig Angst, dass dies um sich greifen könnte und die Zahl der Regelverstöße drastisch zunimmt, wenn demjenigen, der sie begeht, keine Konsequenzen drohen. Ihr überlegt euch also, wie ihr zukünftig mit solchen Regelübertretungen umgehen wollt und entwerft ein Vorgehen, damit nicht jeder einfach das machen kann, was er will.

Arbeitsauftrag zum Gedankenexperiment:

- Gruppenarbeit mit Notizen im Ordner/Heft: Wie wollt ihr zukünftig vorgehen, wenn jemand die vereinbarten Regeln übertritt? Überlegt zunächst ganz allgemein, was die nächsten Schritte nach einem entdeckten Regelbruch auf eurer Insel sein sollen
- Gruppenarbeit mit Vergehen und Konsequenz auf Metaplankarten, ggf. mit zwei unterschiedlichen Farben für Vergehen und Konsequenz: Stellt anschließend beispielhaft anhand von zwei frei gewählten Vergehen dar, welche Konsequenzen den Schuldigen auf eurer Insel erwarten. Bleibt dabei realistisch und achtet auf Verhältnismäßigkeit

- Vorstellen der einzelnen Vergehen und der angedachten Konsequenzen im Plenum
- gemeinsames Überprüfen der Angemessenheit und Verhältnismäßigkeit – auch zwischen den einzelnen Gruppen
- gemeinsame Überprüfung, ob/wo ein Ausgleich zwischen Übeltätern und Geschädigten hergestellt wird und ob dieser gerecht ist

Reflexion des eigenen Justizsystems in den einzelnen Gruppen des Experiments mit Hilfe von Justitia

Hinführung:

Betrachtung eines Bildes von Justitia mit verbundenen Augen (**M 3** links)

- Wer erkennt diese Frau? (*altrömische Göttin der Gerechtigkeit: Justitia, lat. Gerechtigkeit*)
- Welche Dinge hat sie auf dieser Abbildung bei sich? (*Waage zum Abwägen von Recht und Unrecht; Schwert, das die Härte, die den Verurteilten droht, und ihre Durchsetzungskraft symbolisiert*)
- Auf **M 3** gemeinsam beschriften (vgl. **M 3**/Lösung)

Erarbeitung:

Unterrichtsgespräch

- Und was fällt noch auf an ihr? (*Augenbinde*)
- Warum hat/braucht sie diese? (*als Symbol für Unparteilichkeit, d.h. sie richtet ohne Ansehen der Person, ohne zu wissen, wen sie vor sich hat*)
- Kennt ihr hierfür auch ein Beispiel aus eurem Alltag? Aus einer Fernsehshow? (*Bei „The Voice of Germany" hört die Jury die Kandidaten mit dem Rücken zu ihnen. Somit wird suggeriert, dass es tatsächlich auf deren Gesang ankommt und nicht auf den optischen Auftritt. In die Kritik geraten ist diese Show jedoch, weil sich die Juroren gar nicht mehr zu den Kandidaten umdrehen, bei denen sie nicht buzzern, welche somit respekt- und kommentarlos von der Bühne geschickt werden.*)
- Was wäre, wenn Justitia die Augenbinde nicht trüge, so wie auf diesem Bild? (**M 3** rechts) (*möglicherweise ungerecht, da sie dann sieht, um wen es geht, und somit vielleicht Menschen, die sie mag, bevorzugt oder andere benachteiligt*)
- Bewertet ihr das Nichtansehen bei einer Casting-Show als gerechter als wenn die Juroren die Kandidaten sehen würden? (*hier kann man durchaus geteilter Meinung sein: <u>ja</u>, denn es geht ja um Gesangstalent – „The <u>VOICE</u> of Germany" / <u>nein</u>, denn es geht um den Gesamtauftritt und da gehört bei einem Musikstar auch das Auftreten dazu*)
- Könnt ihr euch bei Justitia auch Situationen vorstellen, wo es vielleicht gerechter wäre, sie würde sehen, wen sie vor sich hat? (*Situationen werden gesammelt, bei denen die Ursache für das Vergehen für die SuS ansatzweise nachvollziehbar ist, wie z.B.: Ist es etwas Anderes, wenn eine arme Frau kurz vor dem Verhungern etwas zu essen stiehlt, als wenn dies eine gut situierte Person tut, weil sie keine Lust hat, sich an der Kasse anzustellen, oder einfach mal testen will, ob man so vielleicht Geld sparen kann?*)

Sicherung:

Auf **M 3** festhalten, was „mit verbundenen Augen" und was „mit offenen Augen" für gerechtes Entscheiden hier bedeuten kann. (vgl. **M 3**/Lösung)

Transfer zu den entworfenen Gerichtssystemen auf der Insel:

Gemeinsame Analyse im UG, inwiefern die verschiedenen Gruppen diese Attribute von Justitia ebenfalls bedacht haben.

Gemeinsames Überlegen, welches Attribut auf der Insel möglicherweise auf den ersten Blick schwierig zu realisieren scheint (*mit verbundenen Augen, da Raum und Personen auf der Insel begrenzt sind*) und inwiefern es aber trotzdem, zumindest in Ansätzen, umgesetzt werden kann (*mehrere Richter von unterschiedlicher Natur und Verhältnis zum Angeklagten*)

Teil 4: Ein Fremder kommt auf die Insel

Eine weitere Woche auf eurer Insel ist zwischenzeitlich vergangen. Dank eurer neuen Regeln wurde es deutlich ruhiger und es kam nur noch vereinzelt zu Auseinandersetzungen. Insgesamt betrachtet, geht es euch ganz gut. Auch wenn ihr immer noch keine Möglichkeit seht, wie ihr die Insel eines Tages wieder verlassen könnt, bereitet euch dies nicht übermäßig Kopfzerbrechen – die Dankbarkeit über euer Überleben überwiegt momentan.
Eines Tages seht ihr plötzlich ein kleines Boot am Horizont. Als es näherkommt, entdeckt ihr darauf einen Mann, der – wie auch ihr vor paar Wochen – mit seinen Armen und Händen versucht, in Richtung eurer Insel zu paddeln. Ihr beobachtet neugierig, wie das Boot in einer Bucht anlegt, der Mann aussteigt und auf euch zukommt. Er wirkt ein wenig ungepflegt, was möglicherweise seiner abenteuerlich anmutenden Bootsfahrt geschuldet ist, scheint aber außer der Kleidung an seinem Leib nichts weiter mit sich zu führen. Keine Waffen, aber auch kein Handy oder sonst etwas für euch Nützliches. In den nächsten Stunden „beschnuppert" ihr euch gegenseitig – zunächst zurückhaltend, dann immer neugieriger und schnell wird klar: Ihr habt keine gemeinsame Sprache, mit Hilfe derer ihr euch unmittelbar verständigen könnt. Der Mann scheint ziemlich schwach und hungrig zu sein und an seinem rechten Arm hat er beachtliche Verletzungen. Viel mehr bekommt ihr nicht über ihn heraus. Es bleibt ein Geheimnis, wer er ist, woher er kommt und ob er ein bestimmtes Ziel verfolgt oder, so wie ihr, zufällig bei euch gestrandet ist. Da der Mann keinerlei Anstalten macht, wieder in sein Boot zu steigen, beratschlagt ihr gemeinsam, was ihr tun wollt, wie ihr mit seiner Anwesenheit nun umgehen werdet.

Arbeitsauftrag zum Gedankenexperiment:

- Gruppenarbeit mit Möglichkeiten auf Metaplankarten: Sammelt verschiedene Möglichkeiten, mit seiner Anwesenheit umzugehen
- Notiert jeweils auch die Folgen für den Mann auf einer weiteren Karte
- Bewertet jede Option vor dem Hintergrund der aus Teil 2 bekannten biblischen Weisungen und kategorisiert sie durch Haken und Blitz oder Plus und Minus als „vereinbar" und „nicht vereinbar" mit ebendiesen
- Entscheidet euch innerhalb eurer Gruppe nun für einen Weg, wie ihr mit dem fremden Mann umgehen werdet und markiert diese mit einem Stern auf der entsprechenden Karte
- Im Plenum: Stellt kurz eure gesammelten Handlungsmöglichkeiten vor und teilt am Ende der Gesamtgruppe eure Entscheidung mit und begründet sie
- Abschließendes UG im Plenum, bei dem ein Perspektivwechsel bei allen angestrebt wird: Entscheiden, auf welcher der Inseln (d.h. bei welcher Gruppe) man selbst als dieser Fremde am liebsten gestrandet wäre und wo man selbst eher nicht hätte landen wollen und warum (nicht). Wo wird man gerecht behandelt? Wo eher ungerecht? Möglicherweise entsteht daraus eine erneute Reflexion über die getroffenen Entscheidungen zum Umgang mit dem Fremden

Erarbeitung von caritativem Handeln und der Vorstellung eines Gerechtigkeit fordernden Gottes anhand des Gleichnisses „Vom Weltgericht"

Erarbeitung und Sicherung:

- Gemeinsame Lektüre des Gleichnisses „Vom Weltgericht" (Mt 25,31–46) in der Bibel.
- Annäherung an die Bedeutung über **M 4**:
  - Beschriftung (vgl. **M 4**/Lösung) der von Jesus aus linken (die Verfluchten) und von Jesus aus rechten (die Gerechten) und unteren (die Geringsten) Männchen und von Jesus (Mitte) mit Hilfe des Bibeltextes
  - Sammlung von Verhalten gegenüber den Geringsten unter der Überschrift
- Erkennen von Tun bei den von Jesus aus rechten Männchen (die Gerechten) und Erkennen von Nichtstun bei den von Jesus aus linken (die Verfluchten)

- Übertragung auf Jesus: rechts von Jesus aus erstrebenswertes Verhalten, links hingegen missbilligtes Verhalten

Transfer:

Vergleich des eigenen Verhaltens gegenüber dem Fremden auf der Insel mit dem Verhalten im Bibeltext: Unterrichtsgespräch über mögliche Parallelen des eigenen Verhaltens gegenüber dem Fremden, zunächst Leidenden, mit dem genannten positiven Verhalten in der Bibelgeschichte

- Was können wir aus dieser Bibelgeschichte für unseren alltäglichen Umgang mit anderen Menschen übernehmen?

Teil 5: Ein Boot wird angespült

Und wieder ist eine Woche auf eurer Insel vergangen. Der Fremde ist wieder bei Kräften und es hat sich gezeigt, dass er sehr gut mit den Kräutern auf der Insel umgehen kann, so dass eure Speisen seit seiner Ankunft um einiges leckerer und auch abwechslungsreicher schmecken als zuvor. Es fühlt sich nahezu so an, als wäre er schon immer dagewesen – bis auf die fehlende gemeinsame Sprache. Heute ist ein besonderer Tag, denn als ihr nach dem Mittagessen am Strand zusammensitzt und euch ausruht und unterhaltet, seht ihr in der Ferne ein Boot. Es schaukelt in den Wellen und scheint einfach so vor sich hinzutreiben. Nach ein paar Minuten wird euch klar, es wird in eure Richtung getrieben, scheint unbesetzt zu sein und zu eurer Freude auch ziemlich groß – ihr wittert eine Chance: schnell springen ein paar gute Schwimmer ins Wasser und erreichen das Boot, welches man schon fast als richtiges Schiff bezeichnen kann. Sie ziehen es ans Ufer und ihr seid erstaunt, wie gut es erhalten und vollständig mit Segeln bestückt ist. Bald ist klar, dass dieses Schiff durchaus groß und sicher genug ist, um damit in See zu stechen und etwas weiter weg von der Insel nach Festland Ausschau zu halten. Aber euch wird gleichzeitig auch bewusst, dass nicht alle an Bord gehen können – dazu hat es nicht genügend Platz. Schnell werden Begehrlichkeiten wach: „Ich muss schnell nach Hause zu meinen Kindern“, „Ich muss als erster mit, ich bin schon so schwach und kann nachts fast nicht schlafen hier vor Angst“ – natürlich will jeder sofort nach Hause, doch dies wird nicht funktionieren.

Arbeitsauftrag zum Gedankenexperiment:

- Entwerft einen Plan, wie ihr eure scheinbar so nahegekommene Rettung organisieren wollt. Überlegt euch Antworten auf die Fragen:
  - Was ist das Ziel dieser ersten Fahrt?
  - Welche Personen (-gruppen) dürfen als erstes aufs Schiff, um eine erste Fahrt zu wagen und warum?
  - Mit welchen Schwierigkeiten und Komplikationen müsst ihr rechnen?
  - Welche Vor- und Nachteile ergeben sich für die Personen, die erst einmal nicht mitkommen und auf der Insel zurückbleiben? (Gruppenarbeit mit vorstrukturiertem Blatt **M 5**, ggf. [auch] auf Folie)

Präsentation der verschiedenen Pläne, ggf. mit Hilfe von **M 5** auf Folie

Abschließendes UG im Plenum, an welchem der Pläne man am liebsten selbst beteiligt wäre, welchen man also für am erfolgreichsten hält

Vorlage zum Vorlesen des mehrteiligen Gedankenexperiments

Situationsbeschreibung

Stellt euch vor, ihr seid auf dem Rückflug einer schönen Urlaubsreise. Ihr seid gut erholt und freut euch auf zu Hause und auch schon ein bisschen wieder auf den Alltag. Doch alles kommt ganz anders als geplant: Euer Flugzeug hat einen technischen Defekt und muss notwassern. Ihr könnt zwar das Flugzeug unbeschadet verlassen und euch in eines der Schlauchboote retten, jedoch treibt ihr ohne euer Gepäck, d.h. also auch ohne Handy, ohne Essen und ohne Ersatzkleidung, orientierungslos mitten im Meer. Paddel, Kompass und Karte sind weit und breit nicht zu entdecken. Nach einigen Stunden treibt ihr auf eine kleine Insel zu. Mit vereinten Kräften gelingt es euch, mit den Armen und Händen an die Küste der Insel zu paddeln. Schnell wird klar: Dort an Land zu gehen ist deutlich besser als das ewige Geschaukel im Schlauchboot auf dem Ozean. Gesagt – getan. Da sich sogar die Sonne etwas zeigt, seid ihr auch schnell wieder getrocknet und euch wird bewusst, was für ein Glück ihr hattet, diese Notlandung überlebt zu haben und dann auch noch wohlbehalten irgendwo an Land gelangt zu sein. Ihr findet sogar einen Bach mit klarem Wasser und könnt daraus trinken.

Teil 1: Essensverteilung

Jedoch schon ein paar Stunden später macht sich langsam der Hunger breit. Immer mehr Mägen beginnen zu knurren und die Laune sinkt deutlich. Vor allem den Kindern und älteren Menschen geht es nicht mehr so gut. Viele können sich kaum mehr auf den Beinen halten nach der Anstrengung. Euch wird klar: Wir brauchen etwas zu essen! Aber weder ein Supermarkt noch ein Restaurant ist auf der Insel irgendwo zu finden.

Fragen an SuS:

Welche Möglichkeiten der Essensbeschaffung habt ihr nun?

- *Früchte, Kräuter, Gemüse, Wurzeln, Pilze sammeln, Tiere jagen/angeln …*

Beginnt auch schon mal etwas längerfristig zu denken!

- *Nahrungsmittel anpflanzen, z.B. aus Samen und Kernen eurer Funde*

Also, euch ist klar, um eure Versorgung müsst ihr euch selbst kümmern. Da jedoch beim Anblick der nörgelnden Kinder und schwächeren Personen schon absehbar ist, dass nicht jeder losziehen und für sich selbst sorgen kann, braucht ihr Regeln für die Essensverteilung, damit ihr nicht jedes Mal in Streit geratet, wenn ihr etwas Essbares findet, einen Fisch fangt, einen Hasen erlegt oder eine gute Ernte ansteht.

Teil 2: Verhalten untereinander und Umgang miteinander

Ihr habt nun eine Woche auf der Insel überlebt – wegen des Essens gab es keinen Streit, eure Regeln haben offensichtlich funktioniert. Es war aber in dieser Woche auch nicht schwer, Essbares aufzutreiben und somit hatte jeder reichlich, bis er satt wurde. Dennoch kam es auf Grund anderer Themen immer wieder zu kleineren Auseinandersetzungen und Streitigkeiten, z.B. bei …

kurz unterbrechen und SuS Streitpunkte im UG sammeln lassen

Dies ärgert euch und ihr wollt es zukünftig verhindern. Da eure Essensregeln so erfolgreich zu sein scheinen, trefft ihr euch ein erneutes Mal, um Regeln aufzustellen – diesmal für euren Umgang miteinander.

Teil 3: Umgang mit Regelbrüchen

Eine weitere Woche ist ins Land gezogen und ihr seid zwischenzeitlich ziemlich stolz auf euer Miteinander und euer Zusammenleben. Es gibt immer noch ausreichend zu essen und eure vereinbarten Regeln werden von der Mehrheit akzeptiert und eingehalten. Sie scheinen sich also zu bewähren. Nur ab und zu kommt es zu Verstößen gegen die Regeln: jemand nimmt jemand anderem etwas weg oder wird laut und unverschämt, wenn etwas nicht seinem Willen entsprechend geschieht. Obwohl es nicht oft passiert, wollt ihr dennoch nicht länger tatenlos zusehen, denn zum einen seht ihr es als störendes und ungerechtes Verhalten an, das ihr in eurer Gruppe nicht tolerieren wollt, und zum anderen habt ihr ein wenig Angst, dass dies um sich greifen könnte und die Zahl der Regelverstöße drastisch zunimmt, wenn demjenigen, der sie begeht, keine Konsequenzen drohen. Ihr überlegt euch also, wie ihr zukünftig mit solchen Regelübertretungen umgehen wollt und entwerft ein Vorgehen, damit nicht jeder einfach das machen kann, was er will.

Teil 4: Ein Fremder kommt auf die Insel

Eine weitere Woche auf eurer Insel ist zwischenzeitlich vergangen. Dank eurer neuen Regeln wurde es deutlich ruhiger und es kam nur noch vereinzelt zu Auseinandersetzungen. Insgesamt betrachtet, geht es euch ganz gut. Auch wenn ihr immer noch keine Möglichkeit seht, wie ihr die Insel eines Tages wieder verlassen könnt, bereitet euch dies nicht übermäßig Kopfzerbrechen – die Dankbarkeit über euer Überleben überwiegt momentan.
Eines Tages seht ihr plötzlich ein kleines Boot am Horizont. Als es näherkommt, entdeckt ihr darauf einen Mann, der – wie auch ihr vor paar Wochen – mit seinen Armen und Händen versucht, in Richtung eurer Insel zu paddeln. Ihr beobachtet neugierig, wie das Boot in einer Bucht anlegt, der Mann aussteigt und auf euch zukommt. Er wirkt ein wenig ungepflegt, was möglicherweise seiner abenteuerlich anmutenden Bootsfahrt geschuldet ist, scheint aber außer der Kleidung an seinem Leib nichts weiter mit sich zu führen. Keine Waffen, aber auch kein Handy oder sonst etwas für euch Nützliches. In den nächsten Stunden „beschnuppert" ihr euch gegenseitig – zunächst zurückhaltend, dann immer neugieriger und schnell wird klar: Ihr habt keine gemeinsame Sprache, mit Hilfe derer ihr euch unmittelbar verständigen könnt. Der Mann scheint ziemlich schwach und hungrig zu sein und an seinem rechten Arm hat er beachtliche Verletzungen. Viel mehr bekommt ihr nicht über ihn heraus. Es bleibt ein Geheimnis, wer er ist, woher er kommt und ob er ein bestimmtes Ziel verfolgt oder, so wie ihr, zufällig bei euch gestrandet ist. Da der Mann keinerlei Anstalten macht, wieder in sein Boot zu steigen, beratschlagt ihr gemeinsam, was ihr tun wollt, wie ihr mit seiner Anwesenheit nun umgehen werdet.

Teil 5: Ein Boot wird angespült

Und wieder ist eine Woche auf eurer Insel vergangen. Der Fremde ist wieder bei Kräften und es hat sich gezeigt, dass er sehr gut mit den Kräutern auf der Insel umgehen kann, so dass eure Speisen seit seiner Ankunft um einiges leckerer und auch abwechslungsreicher schmecken als zuvor. Es fühlt sich nahezu so an, als wäre er schon immer dagewesen – bis auf die fehlende gemeinsame Sprache. Heute ist ein besonderer Tag, denn als ihr nach dem Mittagessen am Strand zusammensitzt und euch ausruht und unterhaltet, seht ihr in der Ferne ein Boot. Es schaukelt in den Wellen und scheint einfach so vor sich hinzutreiben. Nach ein paar Minuten wird euch klar, es wird in eure Richtung getrieben, scheint unbesetzt zu sein und zu eurer Freude auch ziemlich groß – ihr wittert eine Chance: schnell springen ein paar gute Schwimmer ins Wasser und erreichen das Boot, welches man schon fast als richtiges Schiff bezeichnen kann. Sie ziehen es ans Ufer und ihr seid erstaunt, wie gut es erhalten und vollständig mit Segeln bestückt ist. Bald ist klar, dass dieses Schiff durchaus groß und sicher genug ist, um damit in See zu stechen und etwas weiter weg von der Insel nach Festland Ausschau zu halten. Aber euch wird gleichzeitig auch bewusst, dass nicht alle an Bord gehen können – dazu hat es nicht genügend Platz. Schnell werden Begehrlichkeiten wach: „Ich muss schnell nach Hause zu meinen Kindern", „Ich muss als erster mit, ich bin schon so schwach und kann nachts fast nicht schlafen hier vor Angst" – natürlich will jeder sofort nach Hause, doch dies wird nicht funktionieren.

M 1

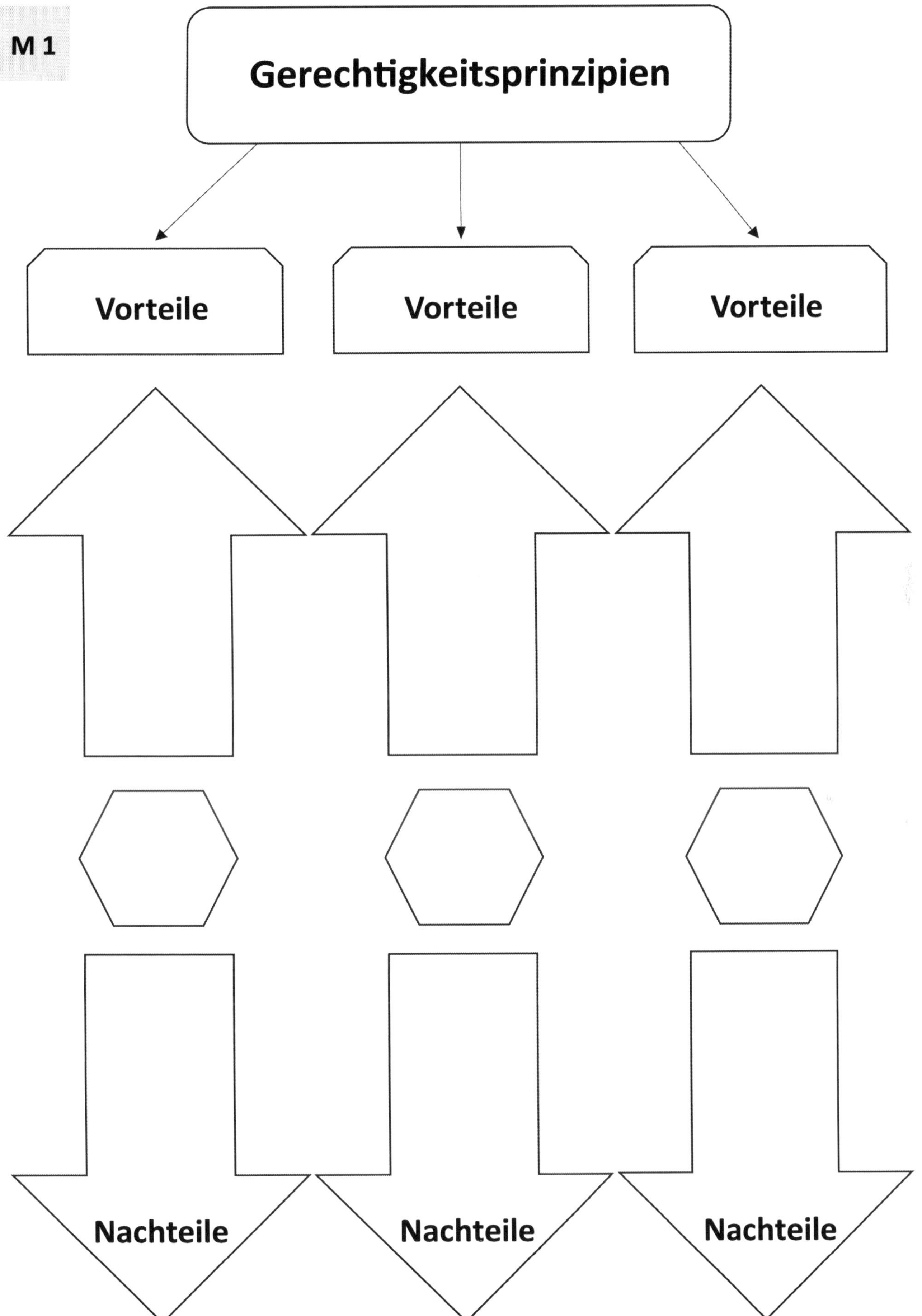
Gerechtigkeitsprinzipien
Vorteile
Vorteile
Vorteile
Nachteile
Nachteile
Nachteile

M 1

Gerechtigkeitsprinzipien – Lösung

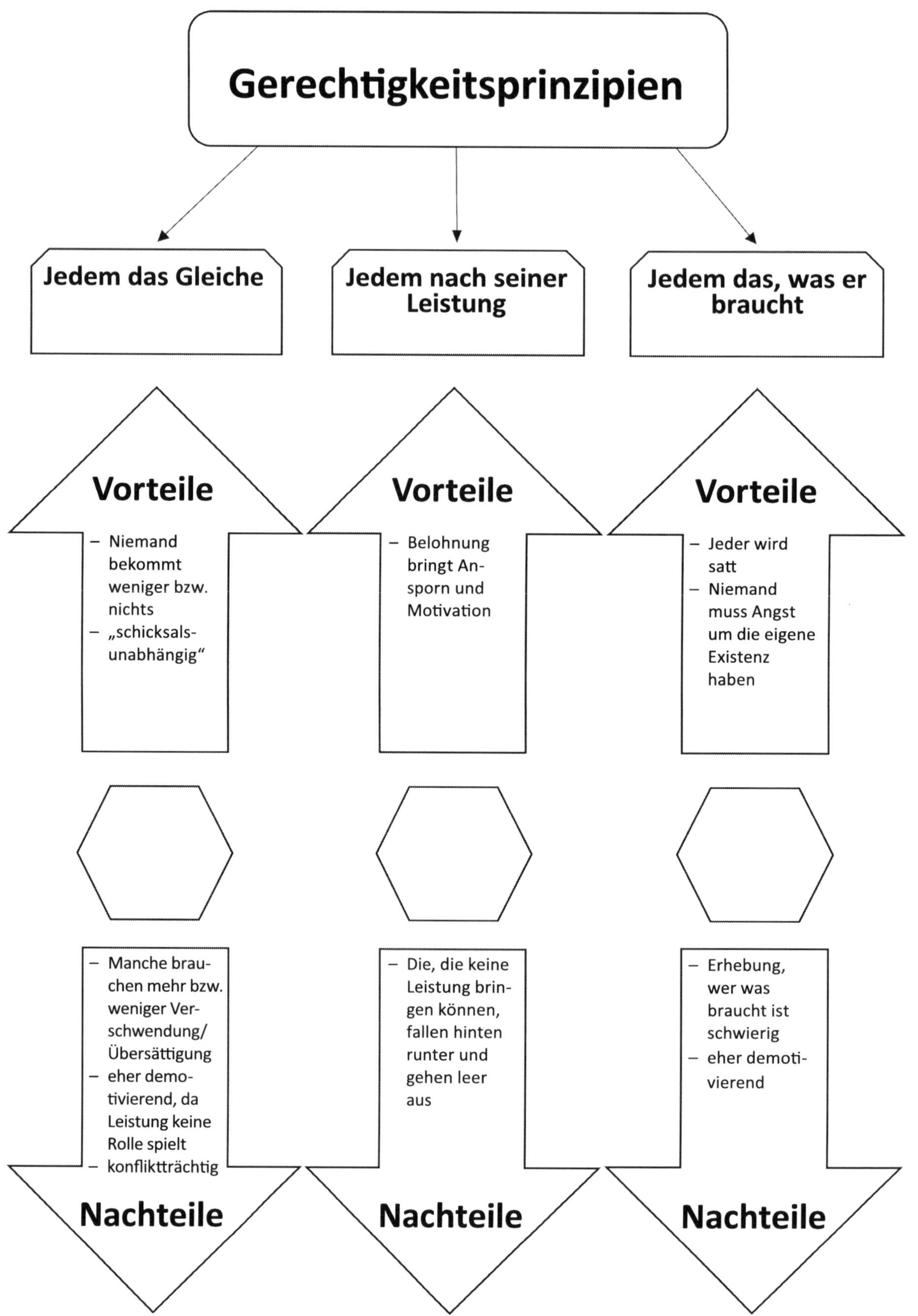

M 2

Biblische Weisungen

Arbeite aus den folgenden Bibelstellen Regeln, Gebote und Gesetze heraus und dokumentiere sie in den drei Feldern im äußeren Kreis, indem du ihren Namen und entweder ihren Wortlaut oder eine kurze Zusammenfassung festhältst:

2. Mose 20 / Matthäus 7,12 / Matthäus 22,37–40.

Versuche, die gesammelten Regeln zum Umgang miteinander den drei biblischen Weisungen zuzuordnen, indem du sie in den jeweils inneren Kreis überträgst.

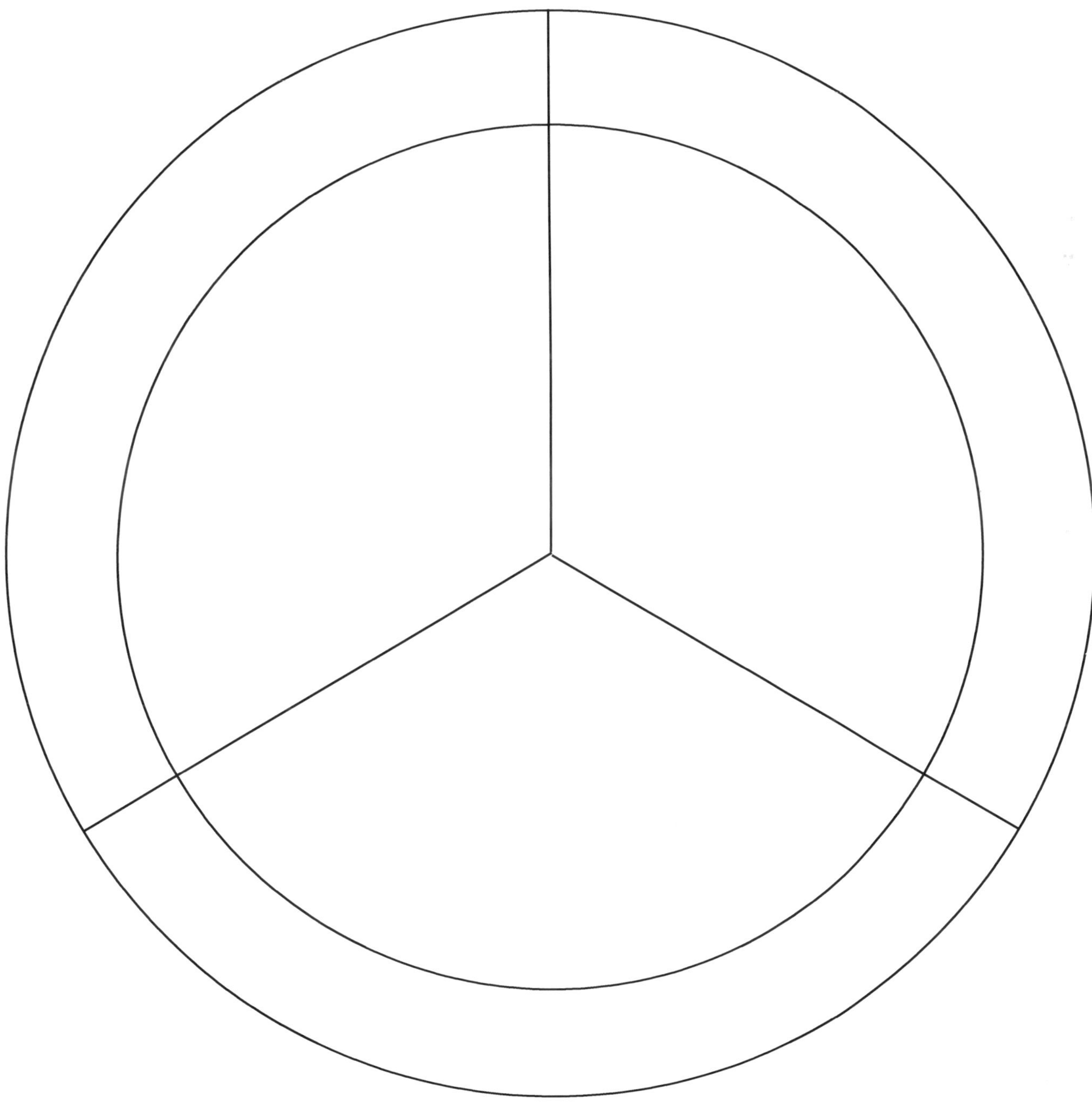

M 3 Justitia

M 3

Justitia

Die altrömische Göttin der Gerechtigkeit

Zeichnung: Christian Krecsir

M 3

Justitia – Lösung

Die altrömische Göttin der Gerechtigkeit

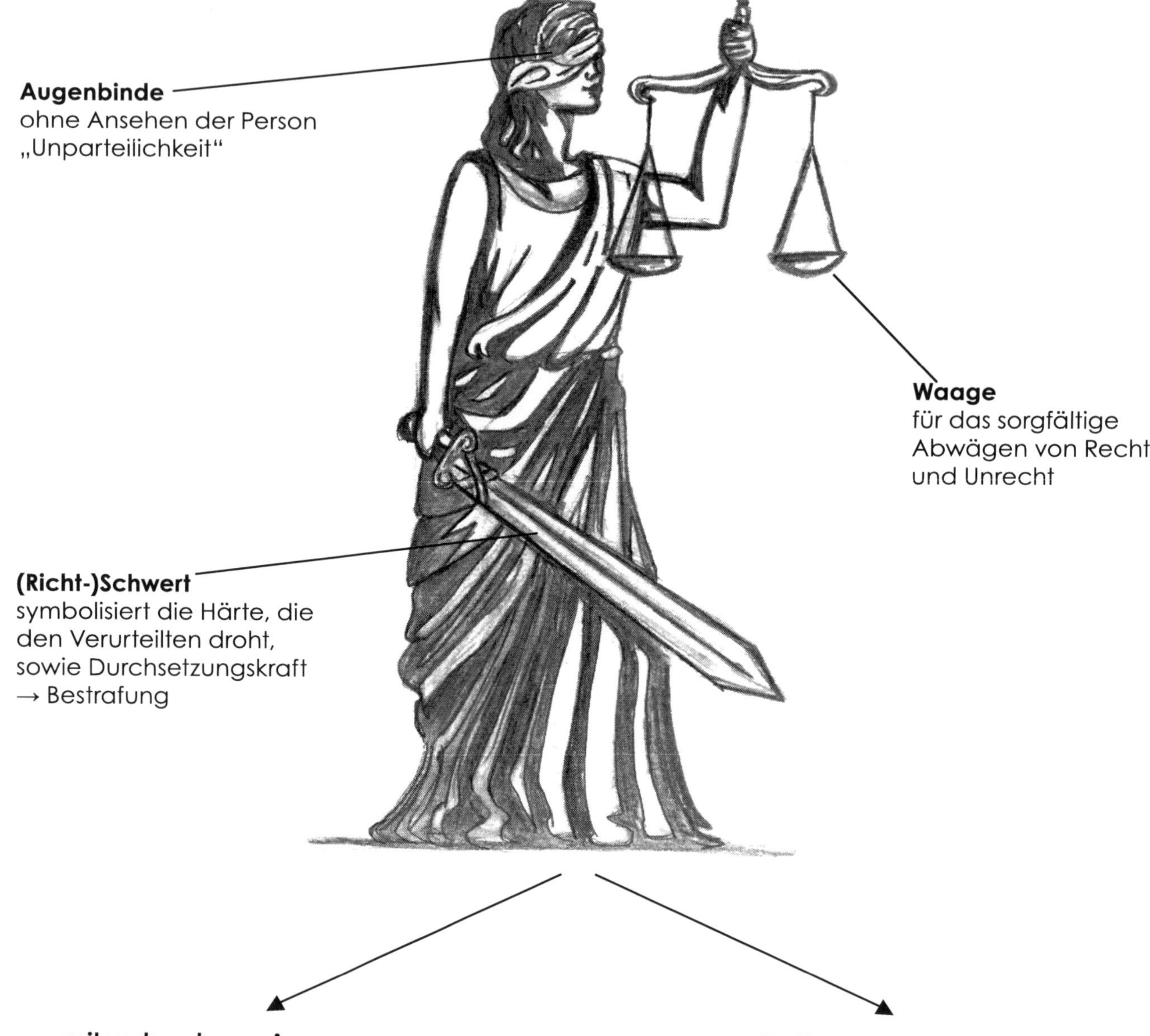

mit verbundenen Augen

- alle werden gleich behandelt
- es kann niemand gezielt bevorzugt werden
- persönliche Präferenzen bleiben außen vor

mit offenen Augen

- persönliche Schwächen können berücksichtigt werden
- gezielte Bewertung möglich
- persönliche Präferenzen können beeinflussend wirken

Zeichnung: Christian Krecsir

M 4

Vom Weltgericht (Mt 25,31–46)

Zeichnungen: Angelica Guckes

M 4

Vom Weltgericht – Lösung

Die Gerechten

zu Essen geben
zu Trinken geben
aufnehmen
kleiden
besuchen

Die Verfluchten

Jesus

Erkennen von Tun

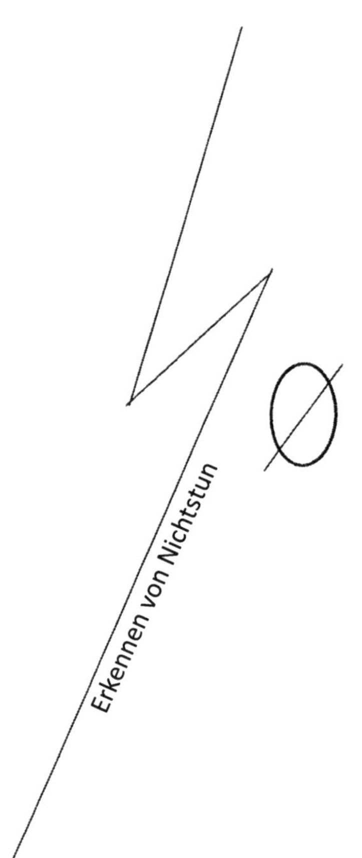

Die Geringsten

Kranke Gefangene

Zeichnungen: Angelica Guckes

M 5

Unsere Rettung naht!!!

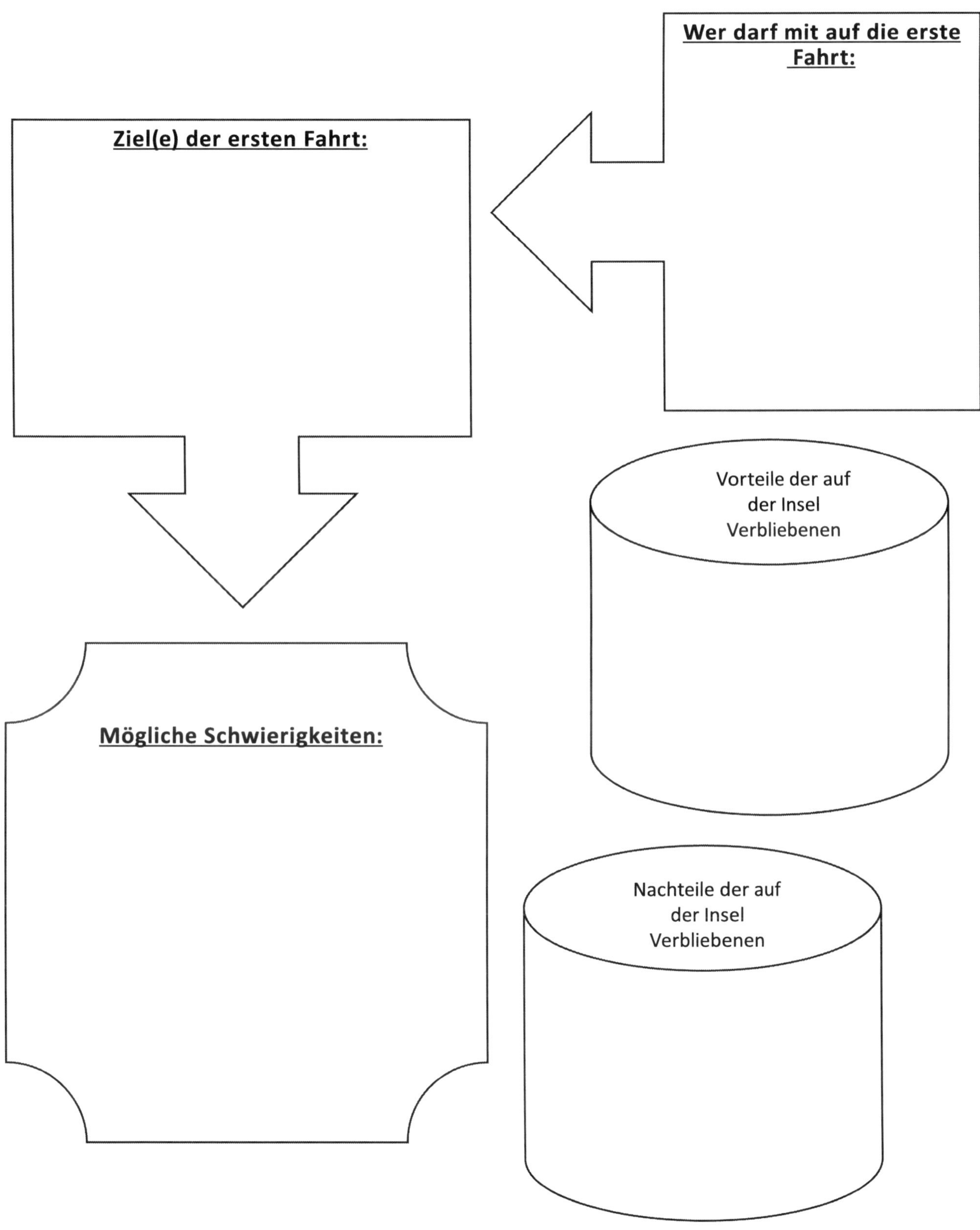

II. Weitere Unterrichtsbausteine

Im Folgenden sind Unterrichtsbausteine dokumentiert, mit deren Hilfe nach Durchführung des Gedankenexperiments im Rahmen der Unterrichtseinheit „Kann es Gerechtigkeit geben?“ weitergearbeitet werden kann oder, die z.T. auch schon während des Gedankenexperiments ergänzend und vertiefend eingesetzt werden können. Die Sammlung ist als Steinbruch zu verstehen, aus dem – individuell ausgewählt – entsprechend Schwerpunkte gesetzt werden können. Trotz Angabe einer möglichen Funktion im Unterrichtsverlauf bilden sie nicht gezwungenermaßen den Verlauf einer Doppelstunde ab. Es sind z.T. gleichwertige Varianten und Alternativen aufgeführt.

Bausteine:
1. Gerechtigkeit und Ungerechtigkeit im Lebensumfeld der SuS
2. Prophetie am Beispiel des biblischen Propheten Amos
3. Verschiedene Arten von Armut
4. Film: Wer küsst schon einen Leguan?
5. Die Diakonie – Ein kirchliches Handlungsfeld
6. Fair Trade – Fairer Handel
7. Projekt: Fair Food – Fair Meal
8. Rückblick auf die Einheit / Organiser der Einheit

1. Gerechtigkeit und Ungerechtigkeit im Lebensumfeld der SuS

Erarbeitung, Präsentation und Auswertung: Gerechtigkeit im Lebensumfeld der SuS

Da dieser Baustein direkt an die persönlichen Erfahrungen der SuS anknüpft, kann er in der ersten Unterrichtsstunde dem Gedankenexperiment vorgeschoben werden. Für manche Lerngruppen kann es jedoch motivierender sein, gleich in das Gedankenexperiment einzusteigen. In diesem Fall findet sich danach oder gegen Ende der Unterrichtseinheit mit Hilfe dieses Bausteins die Möglichkeit, das Gelernte im Hinblick auf die eigenen (Gerechtigkeits-) Erfahrungen zu reflektieren.

Arbeitsauftrag für Partner- oder Gruppenarbeit

In welchen Bereichen in eurem Leben spielt Gerechtigkeit eine Rolle?
Wo und wann habt ihr (un-)gerecht gehandelt oder wurdet ihr (un-)gerecht behandelt?

- SuS sammeln mögliche Bereiche auf Folie, Poster oder Metaplankarten (*Sport, Notengebung, Mobbing, Diebstahl, Geschwister, Abschreiben in Klassenarbeit, Bevorzugung, …*)
- SuS präsentieren ihre Ergebnisse im Plenum
- Gemeinsames Sortieren und Gruppieren (am besten möglich mit Metaplankarten)
- Unterrichtsgespräch über mögliche Folgen von ungerechtem Handeln für beide Seiten anhand ausgewählter Situationen aus den vorangegangenen Präsentationen zur ersten Sensibilisierung auf weitreichende Konsequenzen von (un-) gerechtem Handeln
- SuS reflektieren über gerechtes Handeln bei ausgewählten Situationen aus den Präsentationen, indem sie in Einzelarbeit den Satz „Hier ist es gerecht, wenn …“ für eine vorgegebene Anzahl an Situationen (je nach Ergebnissen der Präsentationen und Lerngruppe können 1–3 sinnvoll sein) zu Ende formulieren. Idealerweise kann für das „Hier“ von den SuS eine Formulierung gewählt werden, die klarstellt, über welche Situation geschrieben wird. Erweist sich dies als zu anspruchsvoll, kann auch einfach die Situation vorher in Stichpunkten dargestellt werden.
  (*Bsp.: Bei einem Foul im Sport ist es gerecht, wenn der Spieler oder die Mannschaft, die gefoult hat, so bestraft wird, dass der erlangte Vorteil bestmöglich wieder ausgeglichen wird.*)

2. Prophetie am Beispiel des biblischen Propheten Amos

Hinführung: Welche Lebensumstände herrschten zur Zeit des Amos?

Die Sensibilisierung der SuS für die Lebensumstände zur Zeit Amos geschieht mit Hilfe des Textes „Eine Stadt mit zwei Gesichtern" nach Werner Laubi (**M 6**).
Die SuS lesen selbstständig den Text und halten die Merkmale und Beispiele für die zwei Gesichter (☺ und ☹) in Einzel- oder Partnerarbeit tabellarisch in ihrem Ordner/Heft fest. Zur späteren Besprechung kann jeweils ein „Gesicht" von einem Schüler/einem Paar auf Folie festgehalten werden.
Dieser Text nennt bereits den Bauer „Amos", was im Folgenden gut als Überleitung zur näheren Betrachtung seiner Person genutzt werden kann.

Erarbeitung: Wer ist Amos?

Mit Hilfe von Bibeln erarbeiten sich die SuS aus Amos 1,1 einen Steckbrief zu Amos und recherchieren selbstständig die wichtigsten Merkmale in Einzel- oder Partnerarbeit.
Diese können vorher gemeinsam, nach Vorbild eines klassischen Steckbriefs, wie er den SuS für gewöhnlich bekannt ist, festgelegt werden (bei Amos eignen sich: Name, Ort, Zeit, Beruf, besondere Kennzeichen, ...)
Im Anschluss werden die Ergebnisse im Plenum zusammengetragen und ggf. besprochen.

Erarbeitung: Was ist ein Prophet?

Mit Hilfe des Textes „Was ist ein Prophet" (**M 7**) erarbeiten sich die SuS selbstständig wichtige Informationen zu biblischen Propheten in Form einer vorstrukturierten Mindmap in Einzel- oder Partnerarbeit.

Anwendung: Amos als Prophet?

UG über die Frage, ob Amos, nach dem was wir über die Stadt mit den zwei Gesichtern erfahren haben, zum Propheten für diese Menschen dort werden kann?
- Wenn ja, warum und wie? Wenn nein, warum nicht?
- Was sagt Amos zunächst selbst? (vgl. Am 7,14)
- Was können wir zwischenzeitlich hierauf antworten, wenn wir Am 7,15 anschauen?

→ *Amos war ein Prophet*

Erarbeitung: Amos als Prophet!

Erarbeitung der Anklagen des Amos in Einzel- oder Partnerarbeit mit Hilfe von **M 8**: Wen klagt Amos an und wofür/warum? → tabellarisch festhalten als Ergebnissicherung

Erarbeitung: Die Visionen des Amos

Erarbeitung der Visionen des Amos über die Zukunft des Volkes Israel in Einzelarbeit mit Hilfe von **M 9**: Die SuS gestalten ein Blatt (ggf. mit Hilfe des vorstrukturierten Dokumenationsblatts **M 10**/Querformat) indem sie Amos Visionen grafisch darstellen.

Transfer: Ein Prophet in unserer Zeit

Stellt euch vor, Amos, bzw. ein anderer Prophet käme heute im 21. Jahrhundert zu uns auf die Welt. Was würde er heute an Missständen vorfinden, was würde er wohl kritisieren und v.a. wen?
→ An der Tafel sammeln

Gruppenarbeit zu verschiedenen Missständen unter den Fragestellungen:
- Wen klagt er an?
- Wofür/warum klagt er an?
- Welche „Verbesserungsvorschläge" könnte er geben?

→ Festhalten von Prophetenportraits auf Postern, die man im Raum aufhängen kann

3. Verschiedene Arten von Armut

Hinführung: Was bedeutet „arm" – was bedeutet „reich"?

An der Tafel stehen in einigem Abstand zueinander die Begriffe „arm" und „reich".
Alle SuS schreiben (gleichzeitig) ihre ersten Assoziationen zu diesen Begriffen dazu.
Nach Beendigung des Schreibens, werden die nun an der Tafel stehenden Gedanken wahrgenommen und ggf. deren Bedeutung nachgefragt. Offensichtlich Unpassendes wird gemeinsam entdeckt und entfernt, Fragwürdiges mit Fragezeichen versehen. Es sollten sich für eine inhaltlich gute Überleitung viele unterschiedliche Aspekte und Perspektiven an der Tafel finden.

Überleitung

Es scheint je Begriff nicht nur eine bestimmte Definition und Erklärung zu geben, sondern die Dimensionen der Begriffe strecken sich in die verschiedensten Richtungen in unterschiedlicher Ausprägung [zwei sich unterscheidende Beispiele können zur Verdeutlichung herausgegriffen und genannt bzw. näher erläutert werden]. Es lohnt sich, genauer anzuschauen, was wir mit dem Begriff „Armut" meinen und warum es manchmal nicht ganz einfach zu entscheiden ist, ob und wann jemand „arm" ist.

Erarbeitung: Verschiedene Arten von Armut

Die SuS lernen verschiedene Arten von Armut kennen, indem sie sich zunächst mit verschiedenen Fallbeispielen auseinandersetzen. Dazu lesen sie die Texte auf **M 11a** „In Armut leben – Wer ist arm und wer ist reich?" in Stillarbeit und diskutieren anschließend gemeinsam mit einem Partner, welche der genannten Personen in ihren Augen tatsächlich arm ist. Im Anschluss versuchen sie sich an einer Sortierung nach Armut (= die ersten beiden Aufgaben auf **M 11a**).
Dies wird anschließend nochmals im Plenum zusammengetragen und ggf. diskutiert.
Im nächsten Schritt werden den SuS mit Hilfe von **M 11b** „Verschiedene Arten von Armut" die unterschiedlichen Arten von Armut vorgestellt, z.B. durch gemeinsame Lektüre und Klärung offener Fragen.
Danach ordnen die SuS in Einzel- oder Partnerarbeit den Fallbeispielen jeweils die zutreffende(n) Art(en) von Armut zu, indem sie sie auf den entsprechenden Linien notieren.
Auch dies wird am Ende nochmals im Plenum zusammengetragen, verglichen und ggf. diskutiert. Da es z.T. durchaus mehrere richtige Möglichkeiten geben kann, lohnt es sich an dieser Stelle mit den SuS ins Gespräch zu kommen, um das Verständnis der Arten von Armut zu festigen und zu vertiefen. Oft können SuS hier weitere Beispiele zum besseren Verständnis beitragen und lernen zu verstehen, dass die treffsicheren Argumente das wichtigste sind, um die eigene Zuordnung zu begründen.

4. Film: Wer küsst schon einen Leguan?

An dieser Stelle kann der Lerngruppe der Spielfilm „Wer küsst schon einen Leguan?" (2004) gezeigt werden. Er handelt von einem Jungen, Tobias, der sowohl im häuslichen als auch im schulischen Umfeld viel Ungerechtigkeit erfährt. Es fällt ihm zunächst sehr schwer damit umzugehen, bis er in Max, einem vorübergehenden Nachbarn, jemanden findet, der ihm zunächst Verständnis und Zuneigung entgegenbringt. Die sukzessive Auflösung der Dilemmata im Film ist alles andere als vorhersehbar und einfach. Der Film nimmt die SuS mit auf eine Reise durch sehr unterschiedliche Gefühle und erprobt ihr Empathievermögen auf verschiedenste Weise.
Es ist bei diesem Film empfehlenswert, ihn am Stück zu zeigen und die SuS während des Sehens gerechte und ungerechte Situationen in Tobias Leben auf **M 12** (linke und mittlere Spalte) festhalten zu lassen. Hierüber kann man im Anschluss gut ins Gespräch kommen und die SuS in einem weiteren Schritt überlegen lassen, wer die jeweilige Ungerechtigkeit zu verantworten hat und/oder wer sie hätte beheben können (rechte Spalte).

5. Die Diakonie – Ein kirchliches Handlungsfeld

Hinführung: Der Begriff „Diakonie"

L schreibt den Begriff „Diakonie" an die Tafel und fragt nach dem Vorwissen der SuS. Wenn es in der Nähe ein Diakoniekrankenhaus gibt, oder Elternteile für die Diakonie arbeiten, wissen manche SuS bereits einiges über diese Institution.

L ergänzt im Lehrervortrag, die Herkunft des Begriffes aus dem Griechischen: diakonia = Dienst, die Bedeutung als „Dienst am Nächsten" im Zusammenhang kirchlichen Handelns und dass es sich hier um eine ganz grundlegende Aufgabe der Kirche handelt.

Erarbeitung und Ergebnissicherung: Die Diakonie – ein kirchliches Handlungsfeld

Die Erarbeitung geschieht anhand der Unterrichtsmaterialien der Diakonie, die auf deren Homepage heruntergeladen werden können.

Link zum Material unter: www.diakonie.de/unterrichtsmaterial

Bei beiden vorgestellten Varianten entsteht ein „Produkt", das – wenn gewünscht – benotet werden kann.

Variante 1 (1 Doppelstunde):

In Form eines Lernzirkels wird das kirchliche Handlungsfeld „Diakonie" von den SuS selbstständig erarbeitet. Hierzu ist es hilfreich, die bereits vorgegebenen Aufgaben von den Materialblättern zu entfernen und das Material an verschiedenen Stationen anzubieten, so dass die SuS eine Art Stationenlernen durchlaufen. Während des Durchlaufs dokumentieren sie ihre Arbeitsergebnisse auf dem auf DIN A3 vergrößerten Dokumentationsblatt **M 13** mit Hilfe der dort abgedruckten Übersichtsfragen.

Variante 2 (Projektartiges Arbeiten, mehrere Doppelstunden):

Die auf den Materialblättern abgedruckten Aufgaben eigenen sich z.T. sehr gut als Projektaufgaben. Hierfür suchen sich die SuS je nach Interesse eine persönliche „Forschungsaufgabe" heraus, bearbeiten diese selbstständig und präsentieren sie am Ende der Lerngruppe in angemessenem Format. Da die Art der Präsentation je nach gewählter Aufgabe sehr unterschiedlich sein kann, bietet sie vielfältige Differenzierungsmöglichkeiten.

6. Fair Trade – Fairer Handel

Hinführung: Was ist „Fair Trade"?

L zeigt zwei gleiche Produkte, (z.B. zwei Kaffee- oder Teepackungen) von denen eines ein Fair Trade Sigel trägt und das andere nicht. Einige SuS kommen paarweise nacheinander nach vorne und untersuchen die beiden Produkte auf Gemeinsamkeiten und Unterschiede. Oft finden die SuS den Weg über die oft ästhetischer aussehende Verpackung des Fair Trade Produkts dahin, dass dieses etwas „Besonderes" sein muss. Je nach Verfügbarkeit von Fair Trade Produkten vor Ort, welche dank der mittlerweile im Supermarkt verfügbaren Fair Trade Produkte immer weiter verbreitet werden, sind die SuS bereits mehr oder weniger vertraut mit dem Fair Trade Konzept – die meisten Lerngruppen kommen jedoch letztlich gemeinsam auf den Unterschied und einzelne SuS sind bereits etwas informiert.

Erarbeitung und Ergebnissicherung: Das Konzept „Fair Trade"

Anhand der Homepages www.fairtrade.de *und* www.fairtrade-deutschland.de recherchieren die SuS angeleitet mit Hilfe der Leitfragen auf **M 14** Informationen über das Konzept des fairen Handels und erstellen in Form einer kreativen Aufgabe ein Produkt: ein Poster, einen Flyer oder einen Beitrag zur Schülerzeitung – jeweils über „Fair Trade". Bei entsprechender Ausstattung der Schule und ausreichenden Vorkenntnissen der SuS kann dies auch digital geschehen.

Nach der Informationssammlung durch die SuS sollte die Lehrkraft bei allen überprüfen, ob die Recherche grundlegend richtig ist und sich nicht in für diesen Zweck unwichtigen Details verliert und ggf. auf noch fehlende Inhalte hinweisen.
Im Anschluss können die SuS dann mit ihrer jeweils gewählten, kreativen Aufgabe beginnen. Um die Lernsituation authentisch zu gestalten, kann aus den Postern und Flyern eine Ausstellung im Schulhaus gestaltet werden und die geschriebenen Artikel können – mit entsprechend prägnanter Überschrift – tatsächlich in der Schülerzeitung oder auf der Homepage veröffentlicht werden. Die entstandenen Produkte eigenen sich ebenfalls für die Bildung einer schriftlichen Note.

7. Projekt: Fair Food – Fair Meal

Am Ende der Unterrichtseinheit kann ein Projekt stehen, in dem ein Teil des Gelernten nochmals eine konkrete Anwendung findet:
Die Lerngruppe kocht gemeinsam in der Schulküche ein „Faires Essen". Dieses kann entweder sofort gemeinsam gegessen werden – als Abschluss der Unterrichtseinheit – oder auch als kulinarischer Beitrag zur Bewirtung eines Schulfestes organisiert werden.
Von den Überlegungen zur gerechten Finanzierung (Entscheidung, welches Gerechtigkeitsprinzip hier Anwendung finden soll) und zu dem, was zubereitet werden soll – über die gerechte Verteilung der Aufgaben im Bereich Einkauf und Zubereitung (Wer macht was?) – bis hin zum Ort des fairen Einkaufs (Weltladen vor Ort? Fair Trade Marke des Supermarkts?) soll die Lerngruppe ihr Essen so gerecht, so fair, wie möglich planen, gestalten und letztendlich genießen bzw. verkaufen.
Sind kreative und für digitales Gestalten motivierte SuS in der Lerngruppe, können – bei entsprechender Ausstattung der Schule – die einzelnen Schritte des Projekts natürlich mit Foto- oder Videoaufnahmen dokumentiert werden, so dass beispielsweise auch die Schulgemeinschaft bei einer Vorführung am Schulfest oder die Eltern beim Elternabend daran teilhaben können. Verkauft man das zubereitete Essen bei einem Schulfest kann solch eine Dokumentation des Projektes in die Nähe des oder hinter den Verkaufsstand projiziert werden.
Mögliche Schwierigkeiten und Stolpersteine bei einzelnen Schritten des Projekts sollte nicht den Eindruck der Schmälerung des Lernerfolgs hinterlassen, sondern eher die Sensibilität bei allen fördern, wieviel Aufmerksamkeit und z.T. „Umwege" es im Alltag bedarf, um nicht „ausversehen" unfair bzw. ungerecht zu handeln.

8. Rückblick auf die Einheit / Organiser der Einheit

Das Materialblatt **M 15** bietet der Lerngruppe die Möglichkeit, die behandelten und gelernten Inhalte am Ende der Einheit nochmals Revue passieren zu lassen und sich die vielfältigen Aspekte von Gerechtigkeit gesammelt vor Augen zu führen und zu wiederholen.

Einzelarbeit / Partnerarbeit

Dazu schneiden die SuS die Bilder und Begriffe zunächst einzeln aus, sortieren und gruppieren sie passend zusammen und erzählen sich in Partnerarbeit die dazu besprochenen Inhalte und deren Relevanz für das eigene Leben. Am Ende können die Gruppierungen auf ein DIN A4 Papier oder in den Ordner/das Heft eingeklebt und ggf. mit den besprochenen Erinnerungen versehen werden.
So kann dieses Blatt gleichzeitig zum Titelblatt und Inhaltsverzeichnis der Einheit „Kann es Gerechtigkeit geben?" werden.

M 6 Eine Stadt mit zwei Gesichtern

Der Bauer Amos macht einen Besuch in der Stadt. Es ist Markttag. Die Bauern verkaufen Gemüse und Obst. Die Stände sind zum Bersten voll mit Bohnen, Linsen, Zwiebeln, Knoblauch und Oliven. Hier ruft eine Bäuerin: „Frische Eier, frische Eier!“ Dort eine andere: „Süßer Honig, zuckersüßer Honig!“ Eine Magd kauft einem Bauern zehn Hühner und drei Schafe ab. „Die Herrschaften feiern heute ein Fest“, sagt sie. „Es gibt Hühnersuppe und Pasteten, gesottene Fische, Eierkuchen und in Honig gebackene Küchlein.“

„Wie glücklich die Menschen hier sind“, denkt Amos. „Und wie reich, dass sie sich solch ein Essen an einem gewöhnlichen Tag leisten können.“

Mit ihren starken Armen zieht die Magd die blökenden Schafe fort. Amos folgt ihr. Die Gasse geht bergauf. Sie wird breiter. Hier, am Berghang, stehen große Häuser. So stattliche Häuser hat Amos noch nie gesehen. Sie haben zwei Stockwerke. „Platz da!“, ruft plötzlich eine Stimme. „Platz da!“ Vier Männer kommen die Straße bergauf. Sie tragen ein Bett. Der Schweiß läuft ihnen über die Gesichter. Neben Amos stellen sie das Bett ab. Es ist aus poliertem Zedernholz. An den Bettpfosten hat es feinste Schnitzereien aus Elfenbein: Löwen, Elefanten und Schlangen.

„Da staunst du, Bauer“, lacht einer der Träger. „So etwas siehst du nicht alle Tage!“ Wem gehört das Bett?, fragt Amos.

„Dem Bilead, einem reichen Kaufmann. Er hat es in Phönizien bestellt. Die Karawane hat es gestern Abend gebracht. Es hat eine Mine Gold gekostet. Von diesem Gold könnten wir vier und unsere Familien drei Jahre leben!“

Die Träger heben das Bett hoch und eilen schwitzend und keuchend weiter.

Amos geht weiter. Im Garten einer anderen Villa sitzen drei Männer um ein Brett und würfeln. Sie tragen seidene Kleider. Neben jedem Mann liegt ein Häuflein Goldstücke. „Dreimal die Sechs“, ruft einer. „Ich habe gewonnen! Jeder muss mir drei Goldstücke geben!“

Der Mann klatscht in die Hände. An seinen dicken Fingern funkeln Ringe mit Edelsteinen. „Deborah!“, ruft er. „Bring uns Wein!“ Aus dem Haus kommt die Magd mit drei Bechern Wein. Die Männer schütten ihn hinunter. „Bring mehr!“, grölt der Mann. „Heute wollen wir wieder einmal richtig saufen!“

Die Sonne ist höher gestiegen. Amos geht in Gedanken versunken weiter. Die Gärten mit den schönen Häusern liegen hinter ihm. Er kommt an ein Tor auf der anderen Seite der Stadt. „Was stinkt hier so entsetzlich?“ Amos geht durch das Tor. Nun sieht er es: Hier ist der Abfallhaufen der Stadt. Aller Unrat sammelt sich hier an. Amos hört Stimmen. Auf dem Abfallhaufen stehen zwei Frauen. Sie wühlen mit ihren Händen im Dreck.

„Ich habe etwas!“, kreischt die eine und zerrt am stinkenden Kopf einer geschlachteten Kuh. Da stürzt sich die andere Frau auf sie. Sie reißt ihr den Kuhkopf aus den Händen.

„Ich habe den Kopf zuerst gesehen!“, schreit sie. „Er gehört mir! Meine Kinder haben auch Hunger.“

Jetzt wälzen sich die beiden Frauen im Schmutz. Sie reißen sich an den Haaren und hauen aufeinander ein.

Erschrocken geht Amos davon. Er kommt an elenden Hütten vorbei. Schmutzige Kinder spielen mit Steinen vor den dunklen Eingängen. Eine Frau schlägt auf ein mageres, bleiches Mädchen ein und schreit: „Du hast das Stück Brot gestohlen! Gib's zu, du verkommene Diebin, du!“ „Ich hatte Hunger!“, jammert das Mädchen.

In einer dunklen Schenke grölen Männer. Sie vertrinken ihr Geld, um ihre Armut und ihr Elend zu vergessen.

Die Kinder haben Amos entdeckt. Sie springen ihm nach, strecken die mageren Arme aus und rufen: „Gib uns etwas zu essen!“

Amos eilt zurück in die Stadt. Am Markt spricht er mit Bauern. Sie sagen: „Die Armen vor der Stadt, das waren früher die Bauern. Die Reichen haben ihnen alles weggenommen.“

Nach Werner Laubi, aus: Das Kursbuch Religion 2, 2005, Seite 78, Calwer/Diesterweg

M 7

Was ist ein Prophet?

„Ich bin doch kein Prophet!" Dieser Ausruf erweckt in uns das Bild eines allwissenden Menschen, der ähnlich wie ein Wahrsager oder Hellseher mit einer bestimmten Methode (z.B. Handlesen oder Kartenlegen) die Zukunft vorhersehen kann. Ein Prophet im biblischen Sinn ist jedoch alles andere als ein zweifelhafter Beruf, denn die Propheten der Bibel hatten eine ganz andere Aufgabe: Sie brachten Missstände der Gegenwart zur Sprache. Meist waren diese bezogen auf das Verhältnis zwischen Herrscher und Volk oder Arm und Reich. Die biblischen Propheten wurden von Gott berufen und haben von ihm den Auftrag, den betroffenen Menschen diese Ungerechtigkeiten vor Augen zu führen. Sie verkünden also den anderen Menschen Gottes Pläne, Gottes Wille. Oft sahen sie die Probleme und vor allem die Strafen mit schlimmen Folgen für die Menschen, im Falle dass diese nichts an der Situation ändern, in Form von Visionen vor ihrem inneren Auge. Bis zu diesem Zeitpunkt waren sie gewöhnliche Menschen mit gewöhnlichen Berufen (z.B. Bauern oder Handwerker) aus ganz unterschiedlichen Bevölkerungsschichten gewesen. Man konnte also nicht selbst beschließen: „Eines Tages werde ich Prophet!", sondern Gott wählte sich seine Propheten aus. Zu den bekanntesten biblischen Propheten gehören Jesaja, Jeremia, Jona und Amos.

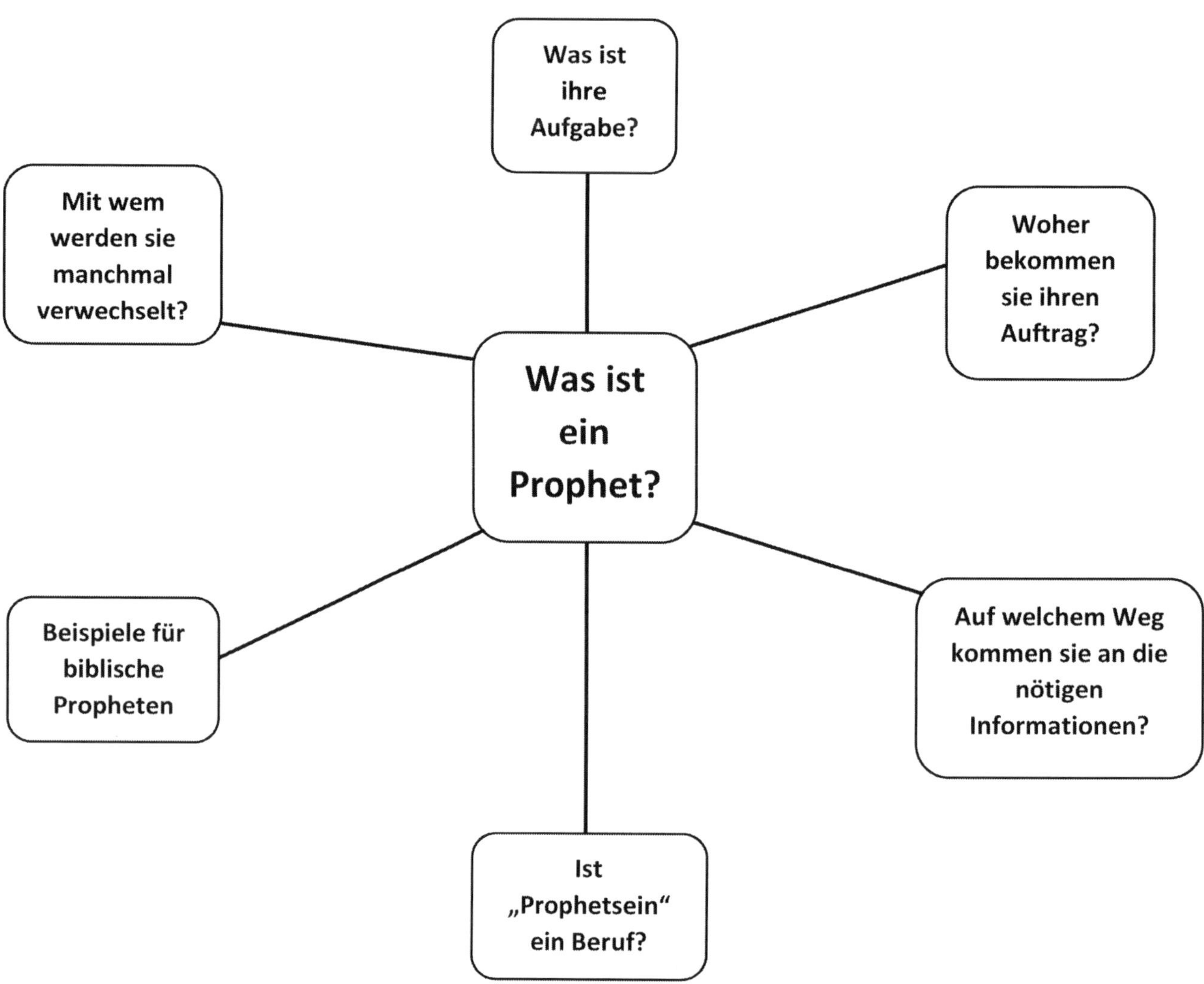

M 8

Die Anklagen des Propheten Amos

Ich bin euren Feiertagen gram und verachte sie und mag eure Versammlungen nicht riechen. Und wenn ihr mir auch Brandopfer und Speisopfer opfert, so habe ich kein Gefallen daran und mag auch eure fetten Dankopfer nicht ansehen.
Tu weg von mir das Geplärr deiner Lieder; denn ich mag dein Harfenspiel nicht hören! Es ströme aber das Recht wie Wasser und die Gerechtigkeit wie ein nie versiegender Bach. *Amos 5*

Hört dies Wort, ihr fetten Kühe, die ihr auf dem Berge Samarias seid und den Geringen Gewalt antut und schindet die Armen und sprecht zu euren Männern: Bringt Wein her, lasst uns saufen! Gott der Herr hat geschworen bei seiner Heiligkeit: Siehe, es kommt die Zeit über euch, dass man euch herausziehen wird mit Angeln und, was von euch übrig bleibt, mit Fischhaken. Und ihr werdet zu den Mauerlücken hinaus müssen, eine jede vor sich hin, und zum Hermon weggeschleppt werden, spricht der Herr. *Amos 4*

Weh den Sorglosen ... Ihr meint, vom bösen Tag weit ab zu sein, und trachtet immer nach Frevel, ihr schlaft auf elfenbeingeschmückten Lagern und streckt euch auf euren Ruhebetten. Ihr esst die Lämmer aus der Herde und die gemästeten Kälber und spielt auf der Harfe und erdichtet euch Lieder wie David und trinkt Wein aus Schalen und salbt euch mit dem besten Öl, aber bekümmert euch nicht um den Schaden Josefs. Darum sollen sie nun vorangehen unter denen, die gefangen weggeführt werden, und das Schlemmen der Übermütigen soll aufhören. *Amos 6*

Ihr sagt: Wann will denn der Sabbat ein Ende haben, dass wir Getreide verkaufen können und wir wollen das Maß verringern und den Preis steigern und die Waage fälschen, damit wir die Armen um Geld und die Geringen um ein Paar Schuhe in unsere Gewalt bringen und Spreu für Korn verkaufen? *Amos 8*

Aufgabe:
Arbeite heraus, welche Personen Amos kritisiert und was er ihnen jeweils vorwirft und halte deine Ergebnisse in einer Tabelle fest.

M 9

Die Visionen des Amos über die Zukunft des Volkes Israel

Amos 7,1–2:

Gott der Herr gab mir eine Vision: Ich sah, wie er Heuschreckenschwärme erschuf. Gerade hatte man das erste Heu eingebracht, das für die königlichen Stallungen bestimmt war, und das Gras wuchs allmählich wieder nach. Da fielen die Heuschrecken über die Pflanzen im ganzen Land her.

Amos 7,4:

Dann gab Gott, der Herr, mir eine weitere Vision: Ich sah, wie er Feuer herbeirief, um sein Volk zu bestrafen. Zuerst verzehrte es das Wasser im Meer, dann bedeckten die Flammen das ganze Land.

Amos 7,8:

Der Herr hielt ein Bleilot in der Hand und fragte mich: „Amos, was siehst du?“ „Ein Bleilot“, antwortete ich. Da sagte er: „Ich lege jetzt dieses Lot an mein Volk Israel, in Zukunft gehe ich nicht mehr über ihre Sünden hinweg.“

Amos 8,2:

Der Herr fragte mich: „Amos, was siehst du?“ Ich antwortete: „Einen Korb mit reifem Obst.“ Da sprach der Herr zu mir: „Ja, und so ist auch mein Volk: reif für das Gericht!“ Von jetzt an sehe ich nicht mehr über ihre Sünden hinweg!“

M 10

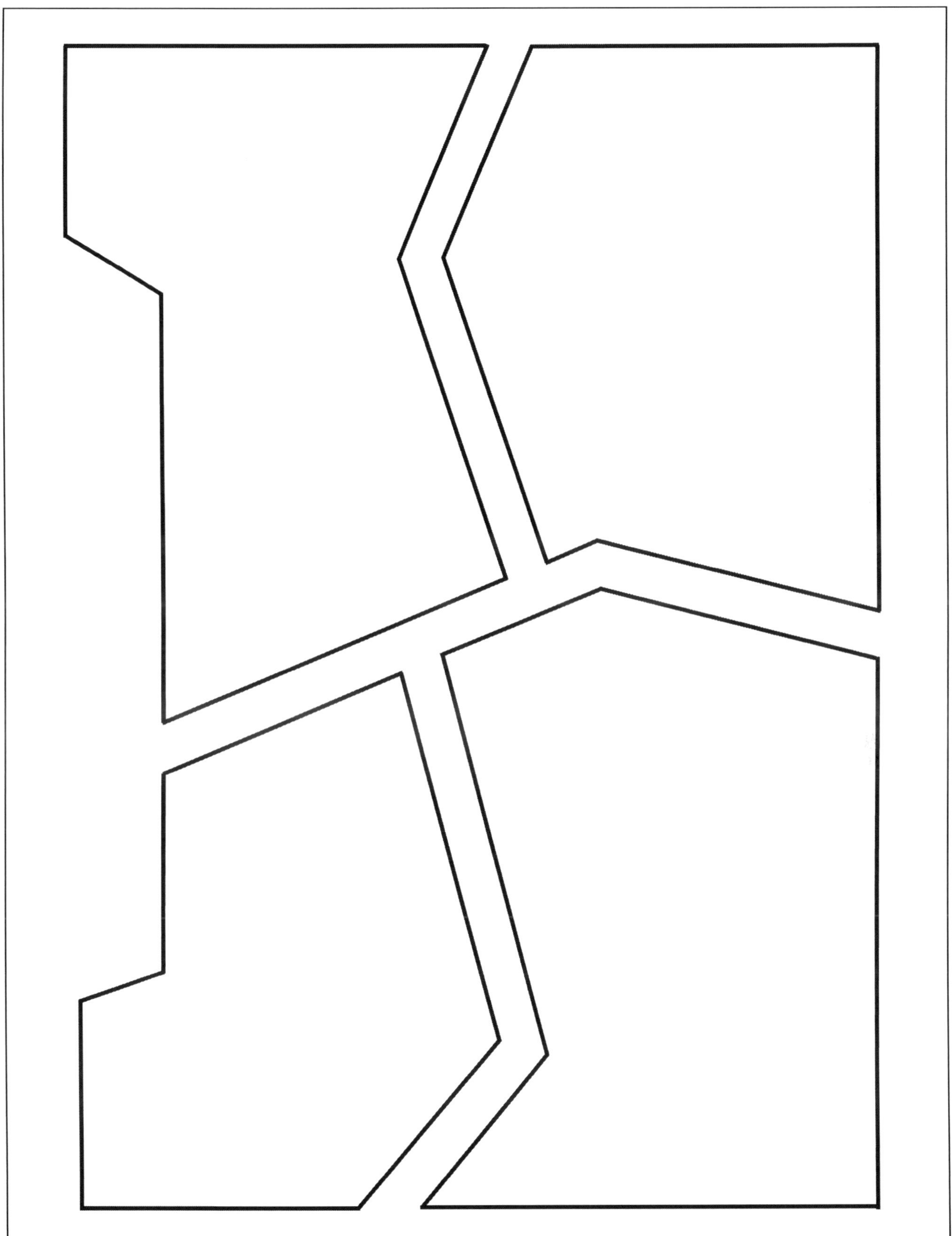

M 11a

In Armut leben – Wer ist arm und wer ist reich?

☐ Frau K. hat drei Kinder. Ihr Mann ist vor ein paar Jahren gestorben. Sie hat monatlich 1850 Euro zur Verfügung. Davon muss sie die Miete begleichen, den Lebensunterhalt für vier Personen bestreiten, sowie Kleidung und Schuhe kaufen. Vor kurzem war die Waschmaschine kaputt. Frau S. hatte nicht genug Geld, sie reparieren zu lassen oder eine neue zu kaufen.

____

☐ Familie A. in China hatte ein bescheidenes Auskommen mit ihren vier Kühen und einem Reisfeld. Sie lebten in einem Dorf in einer kleinen Hütte, wie alle anderen Dorfbewohner auch. Die Kinder konnten zur Schule gehen. Bei einem Erdbeben jedoch verloren sie die Kühe und ihre Hütte brach zusammen. Jetzt ist die Familie obdachlos. Die Kinder müssen betteln, der Vater versucht sich als Tagelöhner durchzuschlagen. Die Mutter sammelt Material für eine neue Hütte. Oft wissen sie nicht, was sie essen sollen.

____

☐ Herr T. lebt allein in einer Einzimmerwohnung. Früher war er auf dem Bau tätig. Durch einen Unfall wurde er Frührentner. Er bekommt eine kleine Rente. Das Geld reicht für das Notwendigste zum Leben. Er schaut viel fern. Gerne würde er einmal in den Urlaub fahren, doch dafür reicht das Geld nicht aus.

____

☐ Familie H. verfügt über ein monatliches Einkommen von 4000 Euro. Mit 1500 Euro zahlen sie ihr Reihenhaus ab. Zwei der drei Kinder studieren an verschiedenen Orten. Sie erhalten je 500 Euro Unterstützung. Das dritte Kind lebt noch zuhause. Seit Jahren muss die Familie sehr sparen und auf Urlaub verzichten. Jetzt reicht das Geld nicht für den Schüleraustausch des Jüngsten.

____

☐ Familie R. wohnt in einer kleinen Hütte am Rand einer Großstadt in Indien. Der Vater hat keine Ausbildung und verdient als Tagelöhner im Monat durchschnittlich umgerechnet 10 Euro. Das Geld reich nicht aus, dass alle satt werden. Die zwei größeren Kinder müssen arbeiten gehen, um die Familie zu unterstützen. Sie können also nicht zur Schule gehen. Die Frau und die jüngeren Kinder sieht man oft am Straßenrand betteln.

____

Aufgaben:

- Begründet, welche der beschriebenen Personen/Familien ihr als arm bezeichnen würdet.
- Versucht eine Sortierung nach Reichtum (1–5) in den dafür vorgesehenen Kästchen.
- Ordnet jedem Fall eine Form von Armut zu. Notiert sie auf der Linie und unterstreicht die Hinweise darauf in der Beschreibung. Manchmal trifft mehr als eine Form zu.

M 11b In Armut leben – Verschiedene Arten von Armut

Absolute Armut

Menschen in absoluter Armut leben am Rande ihrer Existenz, d.h. das Minimum an Lebensmitteln, Wohnung, Kleidung und Gesundheitsmaßnahmen für ein würdevolles Leben haben sie nicht zur Verfügung. Oft kämpfen sie unter schlimmen Entbehrungen in einem Zustand der Verwahrlosung ums Überleben.

Transitorische Armut

Diese Armut ist vorübergehend und tritt oft in Zyklen auf, d.h. nach einer gewissen Zeit können die Grundbedürfnisse wieder befriedigt werden. Häufige Auslöser für vorübergehende Armut sind Naturkatastrophen, bei denen oftmals Versicherungen oder der Staat die Betroffenen hinterher unterstützen.

Strukturelle Armut

Strukturelle Armut liegt vor, wenn fast alle Mitglieder einer gesellschaftlichen Randgruppe unter die Armutsgrenze fallen und nahezu keine reelle Chance haben sich aus dem Teufelskreis der Armut ohne Hilfe von außen zu befreien. Häufig sind hiervon sogenannte „Elendsviertel“ betroffen, in denen es oftmals unmöglich ist, einen Beruf zu erlernen.

Relative Armut

Spricht man von „relativer Armut“, so wird diese am gesellschaftlichen und sozialen Umfeld der betroffenen Person in einer Wohlstandsgesellschaft gemessen und zu diesem in Bezug, in „Relation“ gesetzt. Man ist im Vergleich dann arm, wenn man den durchschnittlichen Lebensbedarf nicht dauerhaft sichern kann, z.B. nicht im üblichen Maß am kulturellen und öffentlichen Leben einer Gesellschaft teilnehmen kann und wenn man weniger als die Hälfte des Durchschnittseinkommens verdient.

M 12

Film: Wer küsst schon einen Leguan?

Aufgabe:

Notiere in Stichworten, was in Tobias Leben gerecht und was ungerecht ist.

ungerecht	
gerecht	

M 13

Die Diakonie – Ein kirchliches Handlungsfeld

Was bedeutet der Begriff „Diakonie"?	Das Zeichen der Diakonie und seine Bedeutung:

Biblische Wurzeln der Diakonie:	Historische Wurzeln der Diakonie:

Ziele und Aufgaben der Diakonie:	Warum arbeiten Menschen für die Diakonie?

M 14 Projektarbeit zum Thema „Fair Trade"

Aufgabe 1:

Erarbeite dir zunächst mit Hilfe der Internetseiten die nötigen Informationen zu den folgenden, zentralen Fragen zu „Fair Trade".

- *www.fairtrade.de*
- *www.fairtrade-deutschland.de*

- *Was bedeutet der Begriff „Fair Trade" an sich?*
- *Was passiert bei „Fair Trade"? Wer ist beteiligt/betroffen und was bedeutet „Fair Trade" für die Beteiligten/Betroffenen? Warum gibt es „Fair Trade"?*
- *Wie denkst du persönlich über „Fair Trade"?*

Halte deine Ergebnisse anschaulich und übersichtlich in einer von dir gewählten Struktur (*vorstrukturiertes Blatt/Mindmap/Fragen & Antworten/ …*) auf einem DIN A4 Blatt fest.
Wenn du fertig bist, zeige dein Blatt mit den gesammelten Informationen kurz vor, bevor du mit Aufgabe 2 weitermachst, um sicherzustellen, dass du auf einem „richtigen Weg" bist.

Aufgabe 2:

Wähle **EINE** der folgenden Aufgaben aus und bearbeite sie selbstständig.

a) *Entwerfe ein Poster (DIN A4) über das Konzept „Fair Trade", das man im Rahmen einer kleinen Ausstellung zum Thema „Gerechtigkeit" im Schulhaus aufhängen kann. Es soll die wichtigsten Informationen über „Fair Trade" beinhalten und gleichzeitig ansprechend gestaltet sein.*

b) *Entwerfe einen Flyer (DIN A4 quer/ in drei Teile gefaltet), der schülergerecht wichtige Informationen über „Fair Trade" gibt und gleichzeitig ansprechend gestaltet ist.*

c) *Schreibe einen Artikel für die Schülerzeitung über „Fair Trade", in dem du zunächst anhand von Beispielen erklärst, was „Fair Trade" ist und anschließend deine persönliche Einschätzung zu diesem Thema gibst. Suche auch ein passendes Bild, das du deinem Artikel hinzufügen kannst.*

Für deine Projektarbeit bekommst du eine ***schriftliche Note****.*

Sie setzt sich zusammen aus der Korrektheit und Vollständigkeit der von dir gesammelten Informationen zum Thema „Fair Trade" und der Kreativität und Zielgerichtetheit der von dir gewählten kreativen Aufgabe.

Erzielte Note:	
Rückmeldung:	

M 15

Rückblick auf die Unterrichtseinheit „Kann es Gerechtigkeit geben?“

Diakonie

FAIRTRADE

Kann es Gerechtigkeit geben?

Justitia	Gesetze	Amos	Visionen	Fürsorge	Jedem nach seiner Leistung	Jedem das Gleiche	sozialer Umgang miteinander
Nächstenliebe	Gerechtigkeits-prinzipien	Jedem das, was er braucht			ausgleichende Gerechtigkeit	Die Goldene Regel	ohne Ansehen der Person
Unparteilichkeit	Strafe	Anklage	Regeln		Dienst	angemessener Lohn	

Zeichnungen: Christian Krecsir, Angelica Guckes

Identität – Auf der Suche nach dem „Ich“

Einleitung

„Wer bin ich? Und wenn ja, wie viele?“ – Nicht zuletzt die vermeintliche Absurdität dieses Buchtitels von Richard David Precht zeigt uns die Komplexität modernen Denkens, Fühlens und Reflektierens auf. Nicht wenige Menschen sind überfordert mit dem Umgang mit ihren eigenen Wünschen und deren (Nicht-) Vereinbarkeit mit den Ansprüchen anderer und den zahlreichen, durch die Gesellschaft attribuierten Rollen.
Die vorliegenden elf Bausteine für eine Unterrichtseinheit zum Thema „Identität – Auf der Suche nach dem Ich“ sollen eine Fundgrube sein, die zum Entdecken der eigenen Persönlichkeit einlädt. Sie soll zum Nachdenken über eigene Standpunkte anregen und zum Erforschen all der Fragen, die weit über den vielzitierten eigenen Tellerrand persönlicher Präferenzen und Prioritäten hinausreichen.
Neben der Erarbeitung zahlreicher zentraler Begriffe und der Relevanz ihrer Bedeutung für das jeweils eigene Leben wird Interesse geweckt für die Fragen des Lebens, die sich jenseits von abzuarbeitenden To-Do-Listen, einzuhaltenden Terminen und zu berechnenden Kalorien bewegen. Es soll eine Sensibilität für den Wert des Menschen an sich angelegt werden, auf deren Grundlage eigene und zwischenmenschliche Herausforderungen gesehen und bearbeitet werden können.
In unserer höchst pluralisierten Gesellschaft, in der wir Menschen mit superdiversen Voraussetzungen und Dispositionen versuchen, dem Sinn unseres Lebens auf den Grund zu gehen und mit unserem Leben verantwortlich gestaltend umgehen, ist es beruhigend zu wissen, dass wir mit unseren Anfragen nicht alleine sind, sondern durch unser Wesen und unser Sein, Teil haben am gesellschaftlichen Zusammenspiel, das all diese Fragen erst möglich und relevant macht.

Bildquelle: Stock.adobe.com

Übersicht über die Unterrichtseinheit

Vorbemerkungen

Die vorliegenden Unterrichtsbausteine dienen als Steinbruch, um ein individuelles Unterrichtsmodul zu dem Themenkomplex **Identität – Auf der Suche nach dem „Ich"** zu entwickeln. Die Bausteine können miteinander kombiniert, reduziert oder erweitert und ergänzt werden, je nachdem worauf man persönliche Schwerpunkte legen möchte.

Übersicht über die Bausteine und Materialien:

Baustein	**Materialien**
1 Individualität	Flaschen, Gefäße etc., Dekorationsmaterialien
2 Identität	Gestaltete Flaschen/Gefäße, bunte Zettel, Stifte
3 Selbst- und Fremdwahrnehmung	Pappteller, evtl. doppelseitiges Klebeband, Schnur, Stifte **M 1** Bildbetrachtung: Adler / Paar **M 2** Texte: Der Adler / Sie stand immer im Schatten
4 Rollen und Rollenzuschreibungen	**M 3** Tafelanschrieb
5 Bedürfnisse	**M 4** AB zur Selbstreflektion **M 5** AB: Meine Bedürfnispyramide **M 6** Maslowsche Bedürfnispyramide
6 Vorbilder und Helden	**M 7** AB: Meine Vorbilder **M 8** AB: Merkmale von Vorbildern **M 9** Bibeltext: Der Prophet Daniel
7 Das Gewissen	**M 10** Bildbetrachtung: Mann auf Bank (in zwei Phasen) **M 11** Tagebuch einer Zweijährigen
8 Toleranz	**M 12** Bildbetrachtung **M 13** Text/AB: Jedem das Seine?
9 Christ sein – Kirche sein … und wie ist das anderswo?	**M 14** Sammlung beliebter Taufsprüche **M 15** Erinnerungen an Initiationsfeste
10 Lebenswelten der SuS – eine Ausstellung	Fotoprojekt / Ausstellung
11 Der Film „Billy Eliot"	**M 16** Bilder aus dem Film „Billy Eliot" **M 17** Mindmap zu „Billy Eliot"

Folgende prozess- und inhaltsbezogene Kompetenzen nach dem Bildungsplan 2016 (Baden-Württemberg) können mit den vorgestellten Unterrichtsbausteinen gefördert werden:

Prozessbezogene Kompetenzen

Die Schülerinnen und Schüler können

- Situationen erfassen, in denen letzte Fragen nach Grund, Sinn, Ziel und Verantwortung des Lebens aufbrechen
- religiöse Phänomene- und Fragestellungen in ihrem Lebensumfeld wahrnehmen und sie beschreiben
- im Zusammenhang einer pluralen Gesellschaft einen eigenen Standpunkt zu religiösen und ethischen Fragen einnehmen und ihn argumentativ vertreten
- sich auf die Perspektive eines anderen einlassen und sie in Bezug zum eigenen Standpunkt setzen

Inhaltsbezogene Kompetenzen

Die Schülerinnen und Schüler können

- sich mit Fragen nach Identität, Selbstbild, Fremdwahrnehmung und Rollenzuschreibung im sozialen Zusammenleben auseinandersetzen
- die Bedeutung von Vorbildern und Idolen erklären und auf ihre mögliche Ambivalenz hin untersuchen
- Hintergründe krisenhafter Situationen und Strategien zu deren Bewältigung entfalten
- anhand von Fallbeispielen die Aufgabe des Gewissens analysieren

Baustein 1: Individualität

Benötigte Materialien:
Flaschen oder andere Gefäße (evtl. kann hier in Absprache mit dem Fach NWT eine entsprechende Box vorgefertigt werden), Geschenkbänder, Geschenkpapier, kleine Dekoartikel (Sticker, Schleifen ...), Tesa, Klebstoff, doppelseitiges Klebeband, Stifte

Hinführung: Was macht einen Menschen einzigartig?

Unterrichtsgespräch im Plenum:
Gemeinsames Sammeln von Aspekten, die dazu beitragen, dass wir als Mensch einzigartig sind.
Da mit diesen Punkten im **Baustein 2: Identität** weitergearbeitet werden kann, ist es hilfreich, wenn das individuelle Ergebnis der Klasse festgehalten wird. Dies kann auf unterschiedliche Weise geschehen:

- man schreibt auf Folie oder auf ein Poster
- man fotografiert das entstandene Tafelbild ab und projiziert es beim nächsten Mal über einen PC mit angeschlossenem Beamer oder druckt es auf Folie
- man schreibt auf Metaplankarten, die dann erneut aufgehängt werden oder auf ein Poster geklebt wurden, so dass man nur noch das Poster aufhängen muss
- man erstellt das Tafelbild auf einem digitalen Whiteboard und hat so die Möglichkeit es abzuspeichern und wieder aufzurufen

Folgende Punkte werden von den SuS möglicherweise genannt:
Name, Geburtstag, Alter, Adresse, Telefonnummer, Familie, Haarfarbe, Größe, Gewicht, Hautfarbe, Fingerabdruck, Stimme, andere besondere Merkmale, Charaktereigenschaften, typische Verhaltensweisen, DNA, IQ, Interessen, Vorlieben, Hobbys, Talente, Neigungen, Abneigungen, Sorgen, Ängste, Stärken, Schwächen, Wünsche, Träume, persönliche Vergangenheit, erbrachte Leistungen, Vorbilder ...

Erarbeitung: Was macht mich einzigartig?

Einzelarbeit:
Die SuS gestalten ein (farbiges) DIN A4-Blatt zu sich selbst auf Grundlage der zuvor gemeinsam gesammelten Aspekte.
Für die Weiterarbeit ist es hilfreich, wenn die Bezeichnung der Aspekte jeweils auch mit aufgeführt werden (z.B.: *Meine Stärken: Geduld, Nachsicht, etc.*)

Wenn man die SuS anhält, den Namen zunächst wegzulassen, kann im Anschluss auch ein gemeinsames Erraten der Zuordnung der Blätter zu den SuS erfolgen, wobei man auch gut in ein erstes Gespräch über unterschiedliche Wahrnehmungen aus der Innen- und Außensicht auf einen Menschen kommen kann, was später beim **Thema: Selbst- und Fremdwahrnehmung** (nochmals) zur Sprache kommen kann. (*Bsp: Du hältst dich für gut organisiert? Schau doch bloß mal das Chaos in deinem Mäppchen an! – Ja, aber da brauche ich ja keine besondere Ordnung! – Aber das gehört doch dazu!*)

Auswertung/Ergebnissicherung

Unterrichtsgespräch im Plenum:
Leitfrage:
- Warum sind wir einzigartig? Was ist Individualität?

Tafelanschrieb:
Unter „Individualität“ verstehen wir die Gesamtheit aller Merkmale, die einen Menschen besonders und unverwechselbar machen und ihn von allen anderen Menschen unterscheiden.

Hausaufgabe

Alle SuS besorgen sich jeweils bis zur folgenden Stunde eine Flasche, deren Form ihm/ihr gefällt. Es kann auch eine Schachtel, Box oder ein sonstiges Gefäß sein, das sich ein wenig „gestalten“, d.h. verzieren, lässt und in welches man kleine Zettel hineintun kann. Bezüglich fächerübergreifendem Unterricht findet sich hier möglicherweise eine Gelegenheit mit dem Fach NWT zu kooperieren, indem in NWT die entsprechende Box aus Holz zunächst von jedem einheitlich hergestellt wird und sie später dann im Religionsunterricht „individualisiert“ wird. Im Folgenden wird von einer Flasche gesprochen, es ist jedoch immer das letztendlich von der Lehrkraft ausgewählte Gefäß gemeint.

Wichtig ist, dass, wenn es eine Flasche ist, diese bereits zu Hause gut gespült wurde und vorhandene Etiketten entfernt worden sind. Tipp: falls schwerlöslich und kein Etikettenlöser zur Hand: mit Butter einreiben, abkratzen und anschließend mit Spülmittel abspülen.

Um zu verhindern, dass alle eine 0,5 Liter PET-Flasche mitbringen, ist es hilfreich, gemeinsam kurz auf die Unterschiedlichkeit von Flaschen hinzuweisen (kleine Orangina-Flasche mit schöner Form und Textur, typische Form der Colaflasche, blaue Farbe einer Prosecco-Flasche, etc.).

Darüber hinaus sollten die SuS auch Geschenkbänder, buntes (Geschenk-)Papier oder sonstige kleine Dekoartikel (Sticker, Schleifen, etc.) mitbringen. Es werden zudem benötigt: Tesa, doppelseitiges Klebeband, Klebstoff, Stifte ...

Je nach Stundenlänge und Durchführung von **Baustein 1** kann es nötig sein, diese Hausaufgabe bereits in der Stunde zuvor aufzugeben, so dass man in der ersten Doppelstunde beginnen kann.

Gestaltungsaufgabe

Hierfür werden die von den SuS ausgewählten Flaschen, sowie buntes (Geschenk-)Papier, Geschenkbänder, Satin- oder Samtbänder, diverse Dekoartikel, Schere, Kleber, Tesa und evtl. doppelseitiges Klebeband benötigt (siehe Hausaufgabe oben).

Im Plenum:
Alle SuS berichten kurz über ihre Flasche: Wo haben sie sie gefunden/Woher haben sie sie bekommen? Warum haben sie diese ausgewählt? Obwohl sicher manche SuS die gleichen Flaschen mitbringen, wird in diesem Schritt bereits deutlich, dass zwar alles Flaschen sind, diese sich jedoch bereits z.T. deutlich voneinander unterscheiden.

Einzelarbeit:
Die SuS „individualisieren" ihre mitgebrachte Flasche durch Gestaltung und Verzierung mit den zur Verfügung stehenden Materialien und geben ihr einen Namen, der auch irgendwo auf der Flasche zu finden sein sollte.

Im Plenum:
Wahrnehmung und Würdigung der individuellen Gestaltung und der entstandenen Vielfalt an Flaschen und Nennung des jeweiligen Namens.

Beispiel aus dem Unterricht:

Foto: Claudia Rothenberger

Baustein 2: Identität

Benötigte Materialien:
Gestaltete Flaschen/Gefäße, kleine bunte Zettel, Stifte

Hinführung im Plenum

Gemeinsames Betrachten und in Erinnerung rufen der Merkmale, die einen Menschen einzigartig machen (**Tafelbild aus Baustein 1 und individuell gestaltetes [farbiges] Blatt der SuS**).

Erarbeitung

Die SuS unterteilen die Merkmale in „äußere" und „innere" Merkmale und eine Kategorie, bei der sie sich schwertun, eine Zuordnung vorzunehmen.
Dies kann z.B. in Einzelarbeit am **selbstgestalteten Blatt aus Baustein 1** erfolgen, indem die SuS die einzelnen Aspekte mit zwei unterschiedlichen Farben oder Symbolen markieren und die übrigen offenlassen oder im Unterrichtsgespräch im Plenum anhand des **aus Baustein 1 gesicherten Tafelbildes**.

Vertiefung

Unterrichtsgespräch im Plenum:
Ziele des Unterrichtsgesprächs sollen sein:

- die schwer zuordenbaren Merkmale genauer betrachten (genannt werden hier möglicherweise der Name und die Familie) und die unterschiedlichen Wahrnehmungen der SuS dazu zu hören und Gründe dafür auszutauschen
- *Hinweis*: Die identitätsstiftende Komponente des eigenen Namens ist für SuS dieses Alters oft schwer zu erfassen. Die beiden folgenden Hilfestellungen können als Zugang dienen:
  1. Gelegentlich haben SuS im Fremdsprachenunterricht andere Namen oder ihr eigener Name wird von der Lehrkraft in der Fremdsprache ausgesprochen. Hierüber kann man mit SuS sprechen und dies bewerten lassen. Oft finden SuS dies eher negativ, weil es für sie ungewohnt ist und weil sie oft nicht vorher gefragt werden. Darüber, dass man derart mit seinem Namen verbunden ist, lässt sich dann später die Brücke zur Identität bauen.
  2. Man kann die SuS auch über die beiden Aussagen „Du heißt Niklas" und „Du bist Niklas" heranführen. Die erste zielt auf den Namen als Abgrenzung zu anderen Personen ab, die zweite meint die ganze Person an sich mit all ihren Eigenschaften und Dispositionen.
- den Blick auf die Merkmale richten, die für die Persönlichkeit eines Menschen entscheidend sind, so dass anhand derer der Begriff „Identität" von der Lehrkraft abgeleitet/eingeführt werden kann.

Tafelanschrieb:
Unter der „Identität" eines Menschen verstehen wir die innere Einheit dieser Person, d.h. all das, was diese Person ausmacht, also alles, was enthalten ist, wenn diese Person „Ich" sagt.

Hausaufgabe:

Die SuS sollen bis zur nächsten Stunde Menschen an öffentlichen Plätzen (Bahnhof, Supermarkt, Busbahnhof, Bank, Eisdiele …) beobachten und wahrnehmen,

- welche Gegenstände diese mit sich führen (*Taschen, Essen, Eis, Koffer, Pakete, Bücher, Handys, Kinderwagen …*)

oder

- welche Personen/Lebewesen sie begleiten (*Baby, Kleinkind, Hund …*)

Sie entscheiden sich dann für einen und notieren sich diesen.

Erarbeitung:

Szenisches Spiel:
Die SuS spielen jeweils eine kurze Szene, in der sie ihre Flasche wie ihren in der Hausaufgabe ausgesuchten Gegenstand „behandeln" und die anderen versuchen zu erraten, um was es sich handelt.

Auswertung:

Unterrichtsgespräch im Plenum:

- *Leitfrage*: Haben wir unserer Flasche durch die Zuordnung einer „Funktion" eine Identität gegeben?
  Je nachdem ob nur Gegenstände oder auch Personen/Lebewesen ausgewählt wurden, kann sich das Gespräch in ganz unterschiedliche Richtungen entwickeln.
  Das Unterrichtsgespräch kann darauf abzielen, die SuS für das genuin Menschliche des Konzepts „Identität" zu sensibilisieren:
  Dass es zwei unterschiedliche Kategorien sind, ob etwas/jemand eine Funktion hat oder man von „Identität" spricht oder darauf, dass man Gegenständen keine Identität zuschreiben kann, kleinen Kindern jedoch schon, etc.
  Beim Führen dieses Unterrichtsgesprächs ist viel spontane Flexibilität und individuelles Vorgehen nötig.
- *Fazit*: Einer Flasche als Gegenstand „von außen" eine Identität zu geben ist unmöglich.

Überleitung:
Aber wir können sie füllen. Immerhin ist sie dafür gemacht, dass man etwas hineinfüllt. Wie wollen wir weitermachen mit der Flasche?

- Optionen sammeln (mit hoher Wahrscheinlichkeit nennt einer der SuS die Möglichkeit, dass man die als „persönlichkeitsbildende Merkmale" gekennzeichneten Punkte auf dem selbstgestalteten Blatt „hineinfüllen" könnte)

Einzelarbeit:
Die SuS beschreiben kleine (bunte) Blätter mit Wünschen, Träumen, Plänen, Hoffnungen für die eigene Zukunft und stecken diese in ihre Flasche.
Dieser Schritt dient auch als Festigung des Wissens, dass „Identität" etwas mit dem inneren Wesen eines Menschen zu tun hat, obwohl sie natürlich durch äußere Einflüsse mitgeprägt wird.

- Da diese Wünsche und Träume z.T. sehr persönlich sind, sollte das Teilen mit der Gruppe auf freiwilliger Basis geschehen. Am leichtesten ist es für SuS möglicherweise über die eigenen Zukunftspläne zu sprechen, z.B. welchen Beruf man später ausüben möchte, da sie danach gelegentlich auch in privaten Kontexten gefragt werden.

Baustein 3: Selbst- und Fremdwahrnehmung

Benötigte Materialien:
Pappteller, evtl. doppelseitiges Klebeband oder Schnur, Stifte
M 1 Bildbetrachtung: Adler / Paar (*farbige Vorlage, Seite 84*)
M 2 Texte: Der Adler / Sie stand immer im Schatten

Hinführung:

Papptelleraktivität:
Diese Aktivität ergänzt den eigenen Blick auf sich selbst und die persönliche Individualität durch Eindrücke und Wahrnehmungen der anderen und bringt meist noch andere, selbst oft ungeahnte Aspekte mit ein.
Jede SuS hat einen Stift bei sich und bekommt einen Pappteller auf den Rücken geklebt (doppelseitiges Klebeband) oder mit einer Schur so um den Hals gelegt, dass der Teller auf dem Rücken ist. Die Klasse bekommt – je nach Größe – entsprechend Zeit, sich im Raum zu bewegen und sich gegenseitig positive Eigenschaften und Fähigkeiten auf den Pappteller zu schreiben.
Die Lehrkraft sollte während dieser Aktivität darauf achten, dass nur Positives auf die Teller geschrieben wird und dass jeder bei jedem etwas hinzufügt. Für diese Aktivität sollte sich die Lerngruppe bereits etwas kennen und möglichst harmonisch miteinander agieren.

Einzelarbeit:
Im Anschluss werden die Pappteller abgenommen, durchgelesen und mit den eigenen Aufzeichnungen auf dem **selbstgestalteten Blatt aus Baustein 1** abgeglichen.

Unterrichtsgespräch:
Im anschließenden Unterrichtsgespräch können die Ergebnisse des Abgleichs zur Sprache kommen und mit Hilfe von wahrgenommenen Abweichungen können die Begriffe „Selbstwahrnehmung“ und „Fremdwahrnehmung“ eingeführt und wie folgt thematisiert werden:

Mögliche Leit-/Hilfsfragen:
- Hat jemand etwas Überraschendes auf seinem Pappteller gefunden und freut sich darüber?
- Was kann Fremdwahrnehmung also Positives in einem Menschen bewegen?
- Hat jemand etwas Überraschendes auf seinem Pappteller und ärgert sich (ein bisschen) darüber? Inwieweit könnte das Einfluss auf euer Leben nehmen?
- Welche negativen Auswirkungen kann Fremdwahrnehmung mit sich bringen?

Erarbeitung, Auswertung und Sicherung: Die Macht der Fremdwahrnehmung

An dieser Stelle kann mit Hilfe von zwei Geschichten gearbeitet werden: **M 2 „Der Adler“ und „Sie stand immer im Schatten“**. Es können sowohl beide eingesetzt werden, als auch eine individuelle Auswahl – angepasst an die Schülergruppe und die eigene Präferenz – getroffen werden.
Beide Geschichten eigenen sich sowohl zum gemeinsamen Lesen in der Gruppe als auch zum Vorlesen. Eine individuelle Lektüre in Einzelarbeit ist für das Verständnis in den meisten Lerngruppen nicht erforderlich.

Der Adler

© moosehenderson / stock.adobe.com

Bildbetrachtung von fliegendem Adler (**M 1**, *farbige Vorlage auf Seite 84*) unter der Leitfrage:

- Welche Eigenschaften schreibt man diesem Vogel zu und warum? *(mächtig, erhaben, anmutig, frei, stolz, kräftig, schnell …)*

Lektüre der Geschichte „Der Adler" (**M 2**) und anschließendes Unterrichtsgespräch über die Botschaft, die Aussage der Geschichte.

Mögliche Leitfragen:

- Was meint der Naturkundler, wenn er sagt: „Du gehörst dem Himmel und nicht dieser Erde"? (*Ursprünglichkeit, Anlagen, „Identität"*)
- Warum beschließt der Adler nicht schon früher von alleine mal loszufliegen und „Adler zu sein"? (*Gewohnheit, Sicherheit, Rollenzuschreibung*)
- Warum flog der Adler nicht von Anfang an? (*Gewohnheit, Sicherheit, Beeinflussung*)
- Erfahren wir in der Geschichte, wann es dem Adler gutgeht? Vielleicht indirekt? (*eigentlich zunächst in beiden Situationen – als Huhn und als Adler, denn er wählt beide*)
- Seht ihr Unterschiede in der Form des „Gutgehens"? (*das Huhnsein ist vertraut und somit „gut", das Adlersein ist die eigentliche Bestimmung des Vogels und somit gut, im Sinne von „richtig", „wahr", „authentisch"*)
- Wenn der Adler ein Mensch wäre, für was könnte das „mit den Hühnern picken" und das „Wegfliegen und nie wieder zurückkehren" zum Beispiel stehen? (*gewohnter Job ↔ Neuorientierung im Job; immer gleiches Reiseziel ↔ Lust auf Abenteuer und neue Ziele; Familienleben ↔ Aufbruch in ein eigenes Leben*)
- Sind wir denn manchmal so, dass wir lieber „picken" als „fliegen"? Warum (nicht)? (*manchmal braucht es Zeit, Mut und Entschlossenheit, etwas Neues zu wagen, manchmal bleiben wir lieber länger beim Vertrauten und wägen zunächst gründlich ab*)
- Was denkt ihr, welche Botschaft will uns der Autor mit der Geschichte mitgeben? (*eigene Situation, d.h. Zufriedenheit, Glück, etc. immer mal wieder hinterfragen; Mut zu Neuem*)

Sie stand immer im Schatten

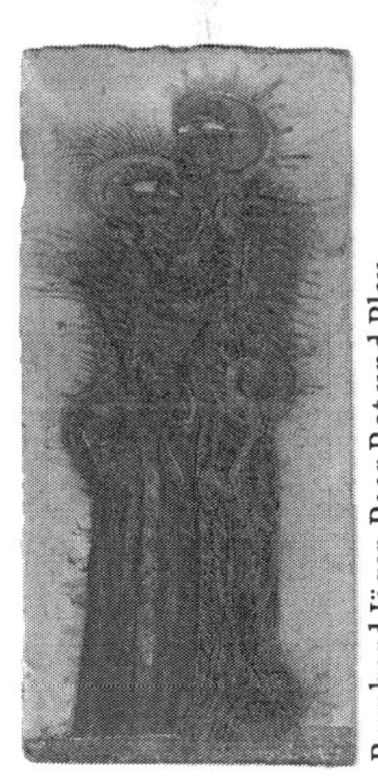
Bernhard Jäger, Paar Rot und Blau

Bildbetrachtung des Bildes „Paar" von Bernhard Jäger (**M 1**, *farbige Vorlage auf Seite 83*) unter der Leitfrage:

- Welche Merkmale einer Liebesbeziehung hat der Künstler in seinem Bild versucht darzustellen? (*keine Lücke zwischen ihnen – Nähe; unterschiedliche Farben – Gegensätze; passgenaue Formen – zusammenpassen, eins werden, eins sein, ganz sein; umgebendes Leuchten – Liebe, das Besondere, das Helle, das Strahlende, das Positive; unspezifischer Hintergrund – Umgebung/Rahmenbedingungen unwichtig*)

Lektüre der Geschichte „Sie stand immer im Schatten" (**M 2**) und anschließendes Unterrichtsgespräch:

Mögliche Leitfragen:

- Wie kann es sein, dass die jüngere Tochter vorher so anders war? Was war in ihrer Vergangenheit passiert? (*sie stand im Schatten ihrer Schwester, sie war dominiert von eher negativer Fremdwahrnehmung*)
- Bewertet die Veränderung! Was genau passiert mit der jüngeren Tochter?
- Was löst diese Veränderung aus? Wer ist sie nun wirklich – die „alte" oder die „neue"? Oder beide? Und was bedeutet das für sie?

- Was bedeutet das ganz allgemein für uns Menschen? Von was können wir (nicht) ausgehen, wenn wir uns z.B. fragen wer oder wie wir sind?
- Der jüngeren Tochter hat ihr Mann geholfen – auf wen können wir noch hören bzw. vertrauen, wenn wir auf der Suche nach uns selbst sind?
- Vergleiche mit dem Bild: Enthält die Geschichte etwas, was wir auch im Bild sehen können bzw. umgekehrt?

Zusammenschau der beiden Geschichten

Wurden beide Geschichten im Unterricht behandelt, so kann folgende Zusammenschau beider Geschichten erfolgen.

Leitfragen:

- Was haben die Geschichten mit Wahrnehmung zu tun? (*verfälschende/verfälschte Wahrnehmung durch sich selbst und durch andere*)
- Welche Gemeinsamkeiten haben beide Geschichten? (*Selbstwahrnehmung ist bei beiden begrenzend, Fremdwahrnehmung unterstützt dies zunächst, spätere Fremdwahrnehmung eröffnet neue Möglichkeiten und Perspektiven, spätere Selbstwahrnehmung wird dadurch korrigiert*)
- Inwiefern geht es bei den Geschichten um Respekt?
- Inwiefern geht es bei den Geschichten um Macht? Wie ist diese jeweils zu bewerten?

Möglicher Tafelanschrieb:

Unter „Selbstwahrnehmung" versteht man, wie man sich selbst sieht. Dies kann in unterschiedlichem Maß mit der Wirklichkeit übereinstimmen – je nachdem hat man dann eine zutreffende oder eine weniger zutreffende Selbstwahrnehmung.
Unter „Fremdwahrnehmung" hingegen versteht man, wie andere Menschen einen sehen. Dies kann sich von der eigenen Selbstwahrnehmung unterscheiden und kann positive oder negative Einflüsse auf den Menschen haben.

M 2

Der Adler

Ein Mann ging in den Wald, um nach einem Vogel zu suchen, den er mit nach Hause nehmen konnte. Er fing einen jungen Adler, brachte ihn heim und steckte ihn in den Hühnerhof zu den Hennen, Enten und Truthühnern. Und er gab ihm Hühnerfutter zu fressen, obwohl er ein Adler war, der König der Vögel.

Nach fünf Jahren erhielt er den Besuch eines naturkundigen Mannes. Und als sie miteinander durch den Garten gingen, sagte der: „Dieser Vogel dort ist kein Huhn, er ist ein Adler!"

„Ja", sagte der Mann, „das stimmt. Aber ich habe ihn zu einem Huhn erzogen. Er ist jetzt kein Adler mehr, sondern ein Huhn, auch wenn seine Flügel drei Meter breit sind." „Nein", sagte der andere. „Er ist immer noch ein Adler, denn er hat das Herz eines Adlers. Und das wird ihn hoch hinauffliegen lassen in die Lüfte."

„Nein, nein", sagte der Mann, „er ist jetzt ein richtiges Huhn und wird niemals fliegen."

Darauf beschlossen sie, eine Probe zu machen. Der naturkundige Mann nahm den Adler, hob ihn in die Höhe und sagte beschwörend: „Der du ein Adler bist, der du dem Himmel gehörst und nicht dieser Erde: Breite deine Schwingen aus und fliege!" Der Adler saß auf der hochgereckten Faust und blickte um sich. Hinter sich sah er die Hühner nach ihren Körnern picken, und er sprang zu ihnen hinunter.

Der Mann sagte: „Ich habe dir gesagt, er ist ein Huhn!"

„Nein", sagte der andere, „er ist ein Adler. Versuche es morgen noch einmal!" Am anderen Tag stieg er mit dem Adler auf das Dach des Hauses, hob ihn empor und sagte: „Adler, der du ein Adler bist, breite deine Schwingen aus und fliege!"

Aber als der Adler wieder die scharrenden Hühner im Hofe erblickte, sprang er abermals zu ihnen hinunter und scharrte mit ihnen.

Das sagte der Mann wieder: „Ich habe dir gesagt, er ist ein Huhn!"

„Nein", sagte der andere, „er ist ein Adler, und er hat immer noch das Herz eines Adlers. Lass es uns noch ein einziges Mal versuchen; morgen werde ich ihn fliegen lassen!"

Am nächsten Morgen erhob er sich früh, nahm den Adler und brachte ihn hinaus aus der Stadt, weit weg von den Häusern an den Fuß eines hohen Berges. Die Sonne stieg gerade auf, sie vergoldete den Gipfel des Berges, jede Zinne erstrahlte in der Freude eines wundervollen Morgens.

Er hob den Adler hoch und sagte zu ihm: „Adler, du bist ein Adler. Du gehörst dem Himmel und nicht dieser Erde. Breite deine Schwingen aus und fliege."

Der Adler blickte umher, zitterte, als erfülle ihn neues Leben – aber er flog nicht. Da ließ ihn der naturkundige Mann direkt in die Sonne schauen. Und plötzlich breitete er seine gewaltigen Flügel aus, erhob sich mit dem Schrei eines Adlers, flog höher und höher und kehrte nie wieder zurück.

Er war ein Adler, obwohl er wie ein Huhn aufgezogen und gezähmt worden war!

James Aggrey „Der Adler", aus: Heinz G. Schmidt (Hg), Lesebuch 3. Welt. Peter Hammer Verlag, Wuppertal 1974, S. 12ff.

M 2

Sie stand immer im Schatten

Ein armer Bauer lebt in einem afrikanischen Dorf zusammen mit seiner Frau und zwei Töchtern. Die Ältere ist schön, lebhaft und klug. Wenn sie morgens mit den anderen Frauen Wasser holen geht, dann steht sie immer im Mittelpunkt. Die Jüngere aber geht immer allein hinunter zur Quelle. Sie ist sehr zurückhaltend. „Ob meine Jüngere je einen Mann findet?", fragt sich ihr Vater. „Und wenn, dann wird er bestimmt keinen Brautpreis geben." Diesen hätten sie doch so nötig als Altersversorgung. Ein oder zwei Kamele werden normalerweise gegeben.

Eines Tages kommt ein junger Mann in das Dorf. Er scheint sehr wohlhabend zu sein und hat fünf Kamele dabei. Die Dorfbewohner sehen, wie er die Mädchen beobachtet. Er ist wohl auf Brautsuche. Eines Abends kommt er in die Hütte des armen Bauern. Eine seiner Töchter möchte er zur Frau haben. Als die Bäuerin das hört, ruft sie sofort ihre Älteste. Aber der Fremde sagt: „Nein, ihr müsst noch eine andere haben." Verwundert schütteln der Bauer und seine Frau ihren Kopf und denken: „Er will die andere, damit er keine Brautgabe machen muss. Dabei sieht er doch so reich aus." Aber als ob der Fremde Gedanken lesen könnte, sagt er: „Die fünf Kamele, die ich dabeihabe, die will ich euch schenken, wenn eure jüngere Tochter mit mir gehen will." „Lass mir ein paar Tage Zeit", sagt die jüngere Tochter, „damit ich dich ein bisschen besser kennen lerne."

Schnell eilt die Nachricht durchs Dorf. Ausgerechnet diese hat er ausgewählt! Ausgerechnet die Unscheinbarste! Keiner versteht das. Einige Tage später geht die jüngere Tochter des Bauern mit dem Fremden in dessen Dorf. Nach der großen Hitze und nach der Regenzeit kommt die jüngere Tochter mit ihrem Mann zu Besuch in das Elternhaus zurück. Alle im Dorf wundern sich. Sie ist eine wunderschöne Frau geworden. Glücklich ist sie, lebhaft, und sie kann nicht aufhören zu erzählen, was sie erlebt hat.

Da fragt der Bauer seinen Schwiegersohn: „Was hast du nur mit meiner Tochter gemacht?" Er antwortet: „Gemacht? Ich habe sie lieb und habe ihr das immer wieder gesagt. Ich finde sie schön und schätze ihr Wesen. Ich finde sie klug und frage sie immer um Rat. Das ist alles. Bei euch stand sie immer im Schatten eurer älteren Tochter und im Schatten der anderen Mädchen. Aber ich habe gleich gesehen, wie gut sie ist. Ich bin Gott dankbar, dass ich sie habe."

Aus: Kursbuch Religion 2 (Ausgabe 2005), S. 19

Baustein 4: Rollen und Rollenzuschreibungen

Benötigte Materialien:
M 3 Tafelanschrieb

Hinführung: Was ist eine Rolle?

Unterrichtsgespräch:

Tafelanschrieb: „Man hat immer zwei Kinder – eines zu Hause und eines auf der Gasse!" **(M 3)**

Anhand der Aussage des Tafelanschriebes wird mit den SuS im Unterrichtsgespräch erarbeitet, dass man sich nicht in allen Situationen und gesellschaftlichen Kontexten gleich verhält, und dass dieses Verhalten bei manchen Menschen sogar sehr unterschiedlich sein kann, man aber natürlich trotzdem ein und dieselbe Person bleibt. So geschieht eine erste Annäherung an das Konzept der „Rolle".

Mögliche Leitfragen:
- Wie versteht ihr diesen Satz? Was will er aussagen? (*ein Kind verhält sich zu Hause oft anders, als wenn es ohne Eltern unterwegs ist*)
- Wie kommt es dazu, dass sich ein und dieselbe Person in unterschiedlichen Lebensumfeldern unterschiedlich verhält? (*Beeinflussung durch beteiligte Personen, Wohlfühlgrad, sich verstellen (wollen/müssen) …*)
- Wie bewertet ihr das? Ist es gut, dass das so ist?

Im Anschluss kann abgefragt werden, ob jemand dies bei sich oder bei jemand anderem bereits wahrgenommen hat. Die von den SuS hier genannten Beispiele (z.B. Hausteufel und Gassenengel) verdeutlichen nochmals, was mit der anfänglichen Aussage genau gemeint ist.

Erarbeitung/Transfer

Unterrichtsgespräch:
Mögliche Leitfragen zu den Rollen in den Geschichten zu Fremdwahrnehmung:
- Geschieht auch in den Geschichten „Der Adler" und „Sie stand immer im Schatten" eine Art Rollenzuschreibung? Inwiefern?
- Wer bekommt welche Rolle und warum? Fühlt er/sie sich wohl in dieser Rolle? Passt sie zu ihm?

Als weiterführendes Feld kann der Schulkontext gewählt werden:

Unterrichtsgespräch:
Mögliche Leitfragen zum Schulkontext:
- Welche offensichtlichen Rollen gibt es in der Schule? (*Schüler, Lehrer, Hausmeister …*)
- Welche Rollen mit offiziellem Charakter kann man als Schüler oder Schülerin „erwerben" oder bekommt man zugeteilt? (*Klassensprecher, Schulsprecher, Pfandflaschenzurücknehmer …*)
- Welche inoffiziellen Rollen gibt es innerhalb eines Klassenverbandes? (*Klassenclown, Streber, Bedenkenträger …*)
- Welche Probleme kann eine solche Rolle mit sich bringen?
- Passt eine Rolle dauerhaft auf einen Menschen?
- Kann ich aus jeder Rolle einfach so wieder „aussteigen"? Warum (nicht)?
- Welche Probleme kann ich mit einer bestimmten Rolle bekommen?
- Verändert mich eine Rolle, die ich (unfreiwillig) eingenommen habe?

M 3

„Man hat immer zwei Kinder –
eines zu Hause und eines auf der Gasse!“

Baustein 5: Bedürfnisse

Benötigte Materialien:
M 4 Arbeitsblatt zur Selbstreflexion
M 5 Arbeitsblatt: Meine Bedürfnispyramide
M 6 Maslowsche Bedürfnispyramide

Hinführung: Reflexion der eigenen Persönlichkeit

Einzelarbeit und ggf. Zusammentragen im Plenum:
Die SuS machen sich mit Hilfe von **M 4** über folgende Fragen Gedanken und notieren sich ihre Antworten darauf:

- Was mich stark macht
- Was mir wichtig ist
- Was mir Halt gibt
- Wo ich mich frei fühle
- Von wem / wovon ich mich abhängig fühle
- Wovon ich mich beeinflussen oder bestimmen lasse

Da die Fragen sehr persönlich sind und zur Selbstreflexion anregen sollen, sollte für die SuS transparent gemacht werden, dass sie möglicherweise nicht sofort zu allen Fragen etwas notieren können und v.a. sollte im Anschluss, wenn die Lehrkraft ein Teilen der Antworten im Plenum vorsieht, das Vorlesen der persönlichen Antworten für die SuS freiwillig – und dies auch so angekündigt – sein.

Erarbeitung: Erstellung einer eigenen Bedürfnispyramide

Einzelarbeit:
Die SuS erhalten ein Arbeitsblatt mit einer leeren Pyramide (**M 5**) und erarbeiten sich mit Hilfe ihrer Überlegungen auf **M 4** ihre persönliche Bedürfnispyramide.
Die Lehrkraft erklärt vorab den hierarchischen Aufbau von unten nach oben hinsichtlich der Verhaltenswirksamkeit/Gewichtung der unterschiedlichen Bedürfnisse.

Partner-/Kleingruppenarbeit:
Je nach Gruppengröße treffen sich zwei bis vier SuS und zeigen und erklären sich gegenseitig ihre ausgefüllten Pyramiden.
Im Anschluss erarbeiten sie eine möglichst allgemeingültige (d.h. von sehr persönlichen und singulären Bedürfnissen befreite) Bedürfnispyramide und halten sie in einer leeren, ggf. vergrößerten, Pyramidenvorlage auf einem Poster (z.B. **M 5**, ggf. vergrößert auf DIN A3) fest.
Die SuS sollten sich das Gruppenergebnis auf ihrer eigenen Pyramide ebenfalls, z.B. mit einer anderen Farbe, notieren.

Auswertung: Vergleich der eigenen Bedürfnispyramiden mit der Maslowschen Bedürfnispyramide

Plenum:

Für die Durchführung des Vergleichs werden alle in den Gruppen erarbeiteten Pyramiden (Poster) aufgehängt und wahrgenommen. Es sollte hier auch die Möglichkeit für Rückfragen an einzelne Gruppen gegeben werden. Im Anschluss wird die Maslowsche Pyramide (**M 6**, ggf. vergrößert auf DIN A3 oder auf Folie) gezeigt, von der Lehrkraft kurz erläutert und jede Gruppe prüft für sich, in wieweit sich ihr eigenes Ergebnis mit ihr deckt. Im Anschluss können im Plenum noch unverständliche Abweichungen angesprochen, diskutiert und ggf. geklärt werden.
Hinweis: Meist kommen die Schülervorschläge der Maslowschen Pyramide schon recht nah. SuS differenzieren manchmal etwas feiner und wünschen sich mehr Reihen.

Ergebnissicherung:

Die SuS tragen die Inhalte der Maslowschen Pyramide neben ihren ursprünglichen Entwurf ein, z.B: in einer weiteren Farbe, und kennzeichnen diese entsprechend als die Maslowsche.

Vertiefung:

Unterrichtsgespräch über den Sinn und Nutzen der Maslowschen Pyramide.

Leitfrage:

- Wem kann das Wissen, das in der Pyramide enthalten ist, nutzen und für welche Zwecke?

M 4

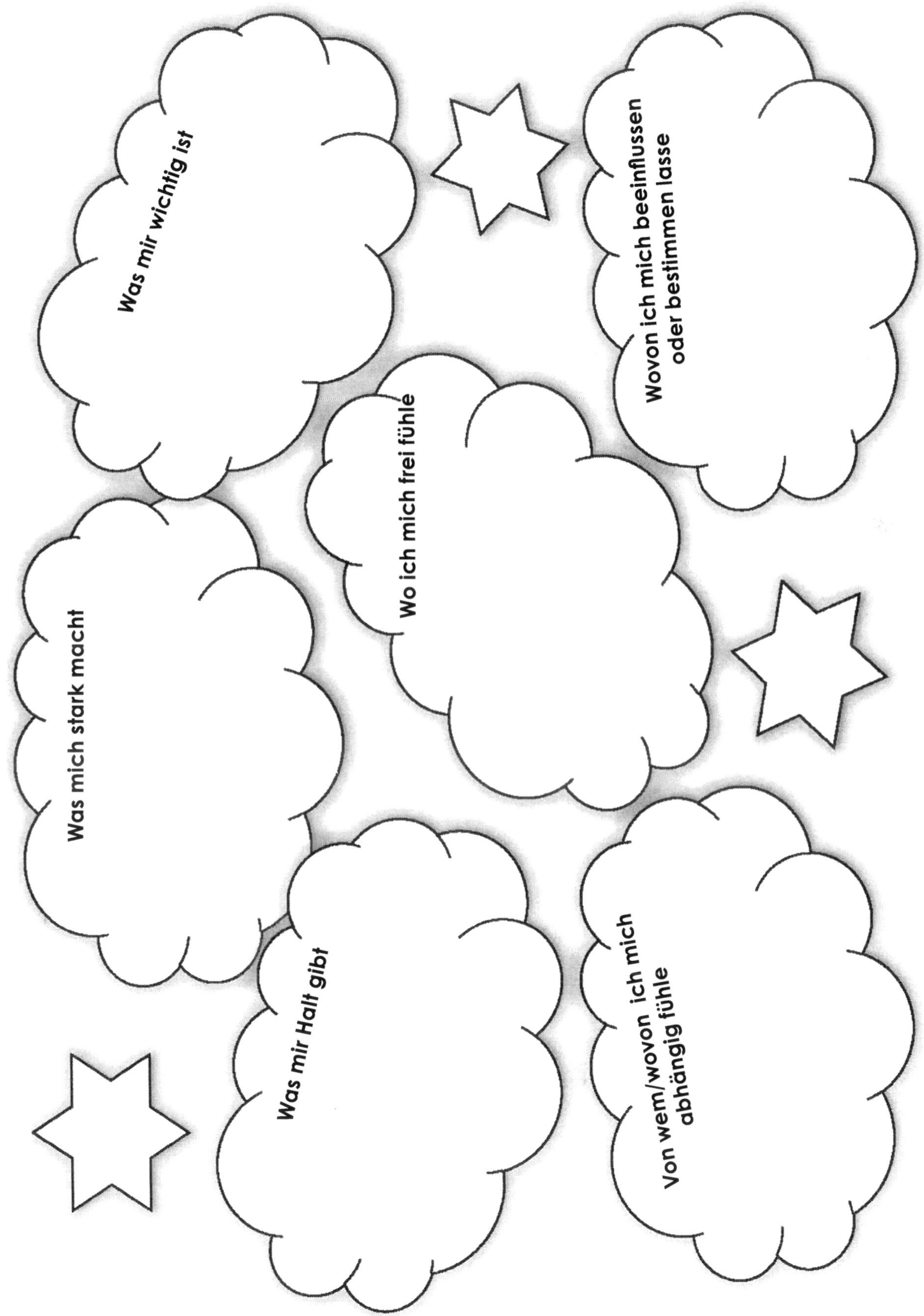
Was mir wichtig ist
Wovon ich mich beeinflussen oder bestimmen lasse
Wo ich mich frei fühle
Was mich stark macht
Was mir Halt gibt
Von wem/wovon ich mich abhängig fühle

M 5

Meine Bedürfnispyramide

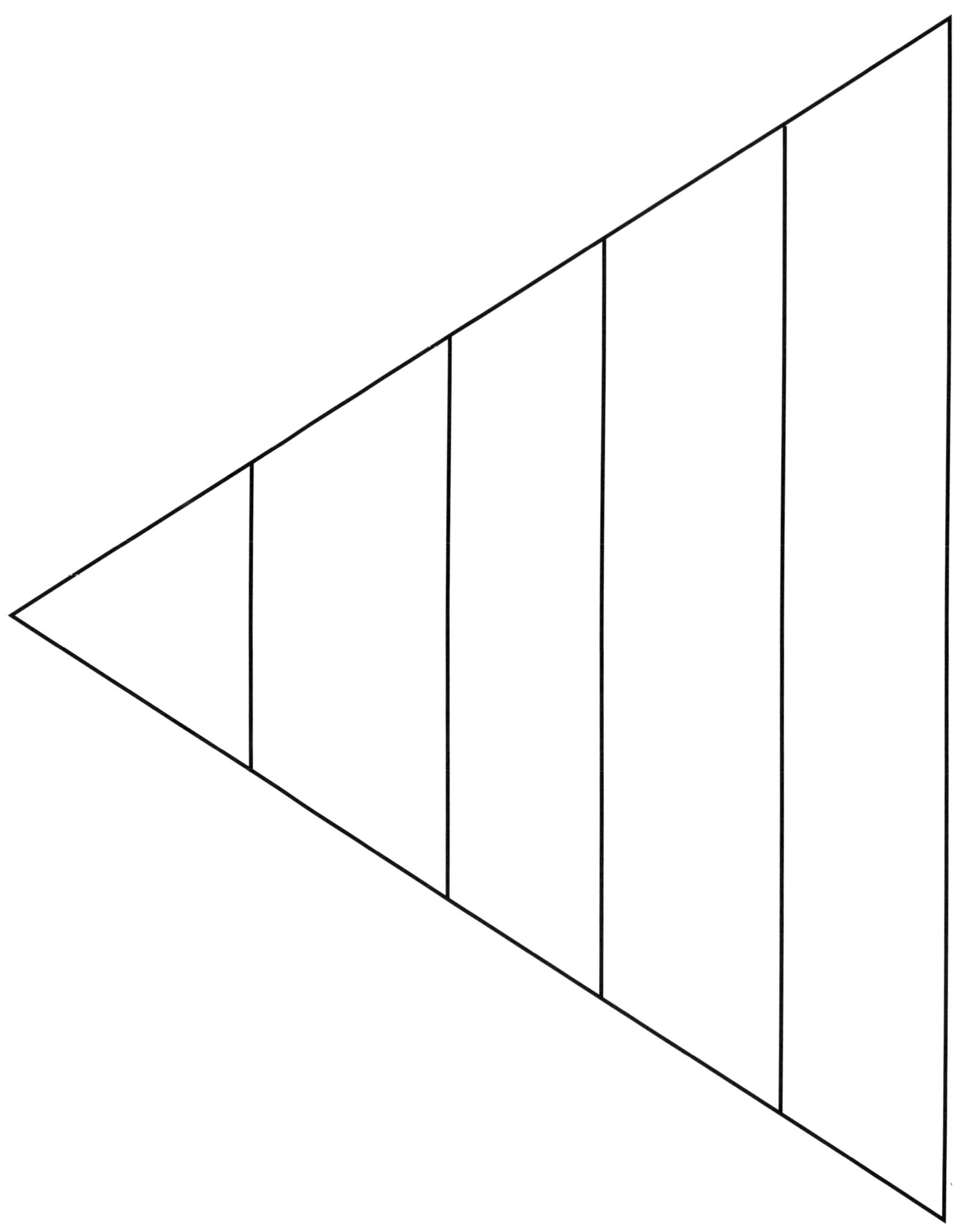

M 6

Die Maslowsche Bedürfnispyramide

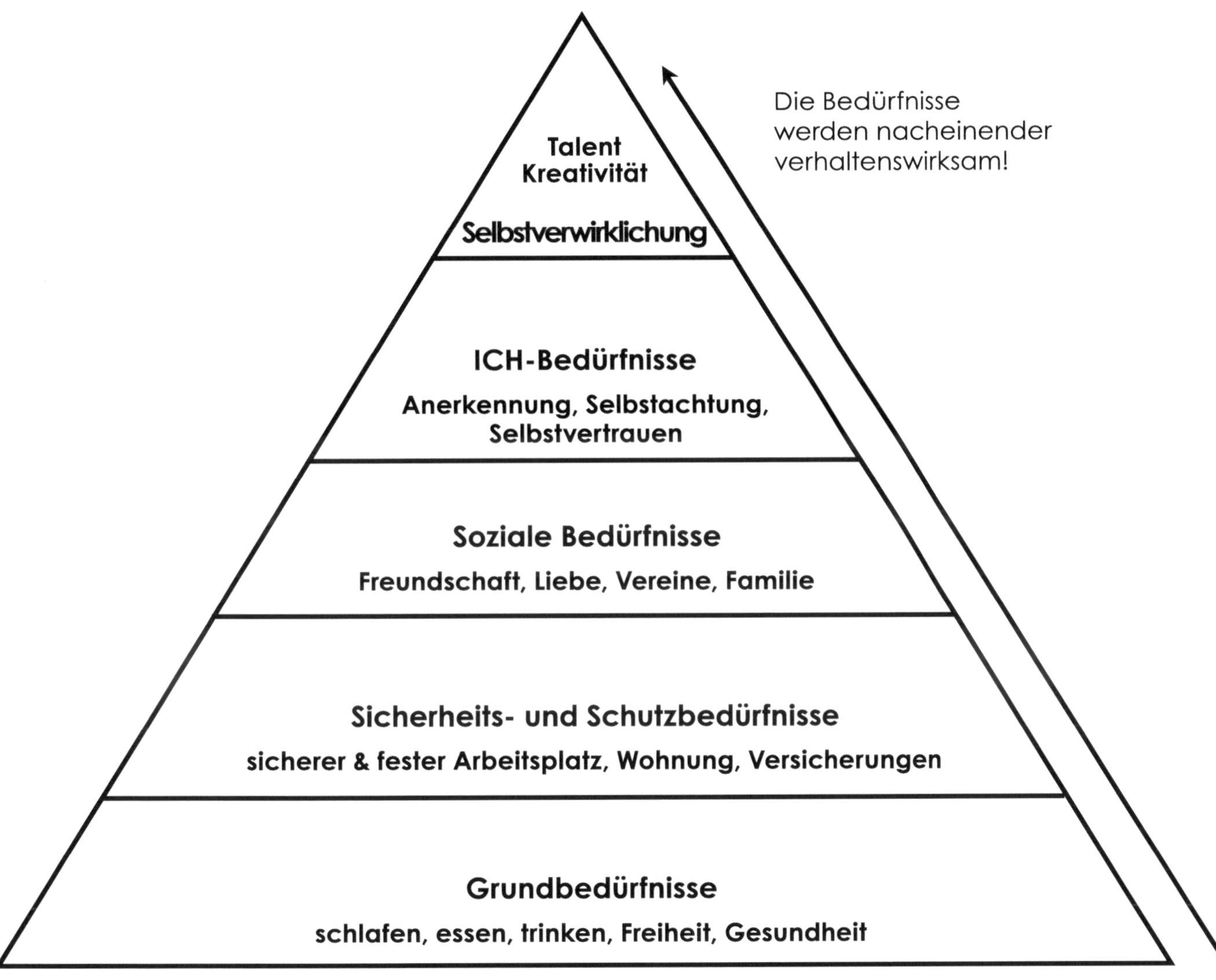

Baustein 6: Vorbilder und Helden

Benötigte Materialien:
M 7 Arbeitsblatt: Meine Vorbilder
M 8 Arbeitsblatt: Merkmale von Vorbildern – Wie wird ein Vorbild zum Vorbild?
M 9 Bibeltext: Der Prophet Daniel

Hinführung: Reflexion der eigenen Vorbilder

Einzelarbeit:
Die SuS notieren ihre eigenen, persönlichen Vorbilder auf dem **Arbeitsblatt M 7** in/neben das Männchen, und vermerken jeweils auf den Treppenstufen, weshalb die einzelnen Menschen für sie Vorbilder sind.

Erarbeitung und Präsentation: Merkmale von Vorbildern

Kleingruppenarbeit:
Die SuS sammeln Merkmale von Vorbildern mit Hilfe von **M 8** (FO oder AB) und der Leitfrage „*Was macht ein Vorbild zum Vorbild?*" und präsentieren im Anschluss ihre Gruppenergebnisse.
Im Anschluss an jede Präsentation und deren kurze, gemeinsame inhaltliche Bewertung korrigieren und vervollständigen alle ihre ursprüngliche Merkmalliste der Gruppe.

Bewertung: Die Rolle von Vorbildern

Unterrichtsgespräch:
Mögliche Leitfragen:
- Warum sind Vorbilder gut/hilfreich/positiv?
- Welche Probleme kann das Orientieren an Vorbildern mit sich bringen?
- Sind Vorbilder in unterschiedlichen Lebensphasen unterschiedlich wichtig? Warum (nicht)?

Hinführung: Was ist ein Held?

Einzelarbeit:
Die SuS verfassen eine Definition des Begriffes „Held". ➤ Ein paar Definitionen werden im Plenum vorgelesen.

Partnerarbeit/Unterrichtsgespräch:
Die SuS grenzen die Begriffe „Vorbild" und „Held" voneinander ab.

Mögliche Leitfragen zur Unterstützung:
- Ist ein Vorbild automatisch ein Held? Ist ein Held automatisch ein Vorbild?
- Was unterscheidet einen Helden von einem Vorbild?

Erarbeitung: Daniel – Ein biblischer Held?

Einzelarbeit / Plenum:

Die SuS lesen die Zusammenfassung (**M 9**) nach der „Bibel elementar“ von Daniel 1; 3 und 6.
Die Lehrkraft bietet Gelegenheit für Rückfragen.

Die SuS überprüfen anhand ihrer Definitionen, ob sie auf Daniel zutrifft und

- begründen entweder, warum (nicht?)
- oder überarbeiten ihre Definition, wenn er für sie ein Held ist, aber ihre Definition unvollständig ist

Unterrichtsgespräch:

Mögliche Leitfragen:

- Ist Daniel ein Held (nach eurer Definition)? Warum (nicht)?
- Was kann uns die Geschichte von Daniel heute noch sagen?

M 7

Mein Vorbild

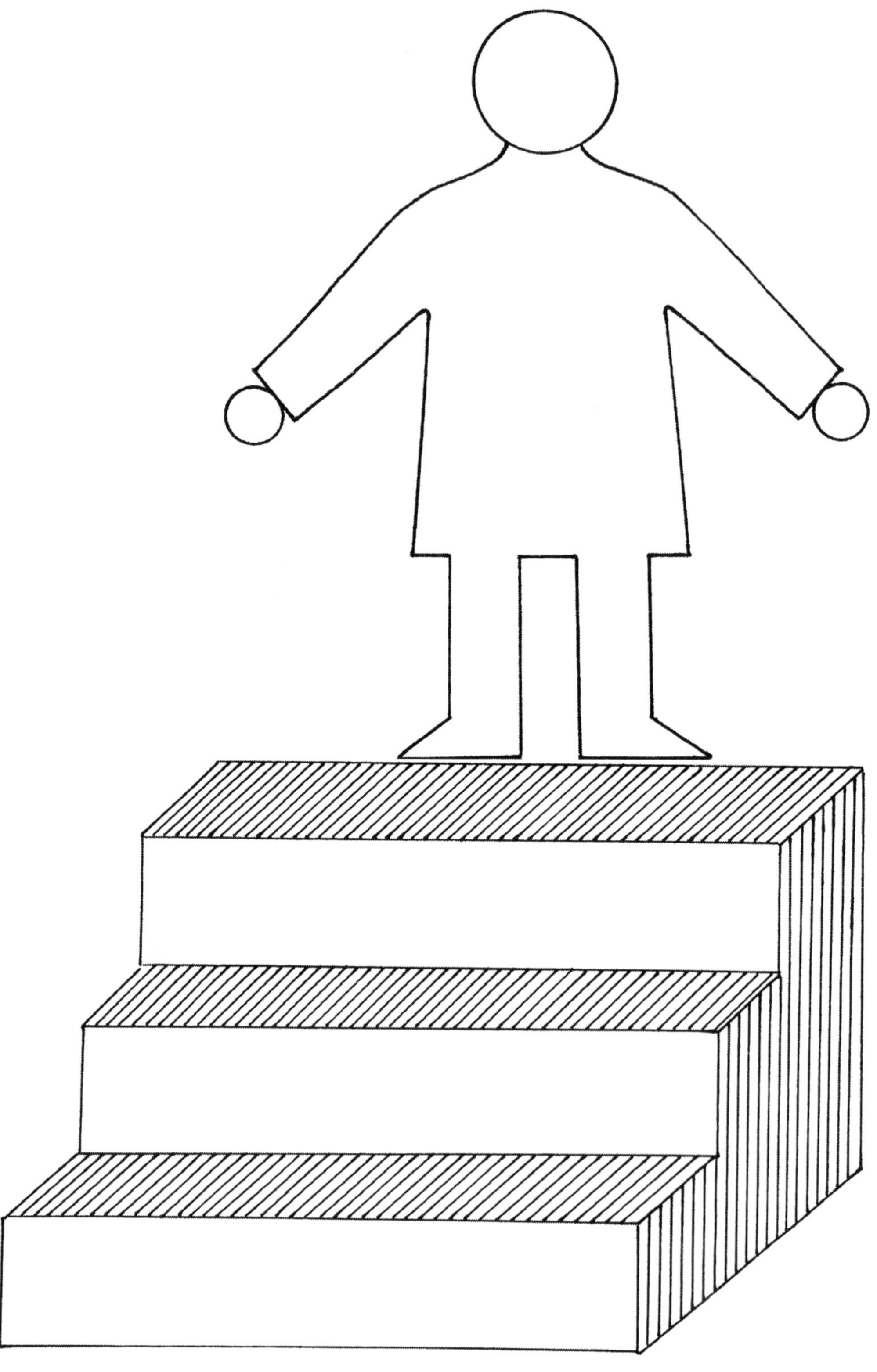

Zeichnungen: Angelica Guckes

M 8

Merkmale von Vorbildern

Wie wird ein Vorbild zum Vorbild?

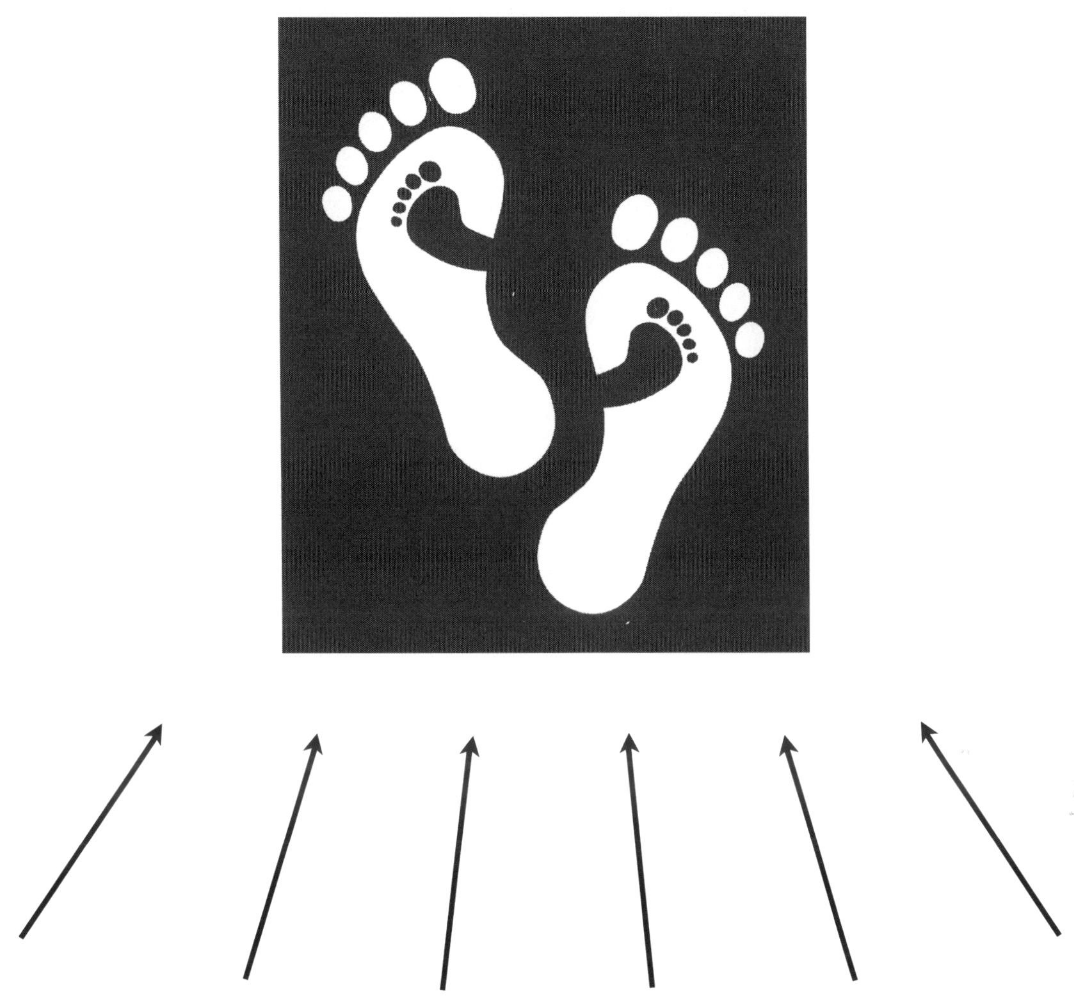

M 9

Der Prophet Daniel

Daniel am babylonischen Hof (Daniel 1)

Die Babylonier hatten Jerusalem erobert und den Tempel zerstört. Viele Israeliten wurden nach Babylon verschleppt. Auch der junge Daniel und seine Freunde waren unter ihnen. Daniel hielt sich an Gott und seine Gebote, obwohl man in Babylon andere Götter verehrte.

Eines Tages befahl der König seinem Kämmerer, einige junge Männer von den Israeliten auszuwählen. Sie sollten an seinem Hof ausgebildet werden und ihm dienen.

Daniel und seine Freunde gehörten zu den Ausgewählten. Der König selbst befahl, was man den jungen Männern zu essen geben sollte. Aber Daniel sagte zu dem Kämmerer: „Wir dürfen diese Speisen nicht essen. Sie sind nicht so zubereitet, wie Gott es für uns vorgeschrieben hat."

Der Kämmerer antwortete: „Was soll ich tun? Wenn ihr Hunger leidet, krank und mager werdet, wird der König mich bestrafen!" „Bring uns einfach Gemüse und Wasser", sagte Daniel. Das dürfen wir essen.

Nach einiger Zeit stellte sich heraus, dass Daniel und seine Freunde gesünder waren als die anderen jungen Leute, die von den Speisen des Königs aßen. So durften sie sich weiter von dem Gemüse und Wasser ernähren. Sie erhielten ihre Ausbildung und wurden schließlich zum König gebracht. Der stellte ihnen viele Fragen, und sie konnten alle beantworten. Der König fand sie klüger als seine anderen Ratgeber und behielt sie in seinem Dienst. Doch die anderen Ratgeber waren neidisch auf Daniel und seine Freunde und versuchten ihnen zu schaden.

Daniels Freunde im Feuerofen (Daniel 3)

Eines Tages ließ der König von Babylon ein großes Götterstandbild errichten. Der König schickte Boten ins Land und ließ überall ausrufen: „Kommt alle zur Einweihung des Standbildes und betet es an! Wer das nicht tut, soll im Feuerofen verbrannt werden."

Als der festgesetzte Tag gekommen war, strömte das ganze Volk herbei und alle warfen sich vor dem Standbild nieder. Nur die Juden blieben fern. Da sagten die Ratgeber des Königs: „Wo sind eigentlich die Freunde von Daniel?"

Der König ließ sie rufen und fragte: „Wollt ihr mein Bild nicht anbeten?" „Nein", antworteten sie, „wir beten nur Gott an, keine Bilder, die Menschen gemacht haben. Lass uns nur in den Feuerofen werfen. Wenn Gott will, wird er uns retten!" Der König war außer sich vor Zorn. Er ließ den Ofen siebenmal heißer machen als sonst und die Männer hineinwerfen.

Doch Gott schickte seinen Engel, der die Männer beschützte. Die Flammen konnten ihnen nichts anhaben. Der König sah, wie sie im Ofen umhergingen und rief sie wieder heraus. Unverletzt standen sie vor ihm. Da staunte der König und rief: „Gelobt sei euer Gott! Er hat euch gerettet. Von jetzt an sollen ihn alle anbeten."

Aus: Die Bibel elementar, Calwer Verlag Stuttgart / Deutsche Bibelgesellschaft Stuttgart / Westermann Verlag Braunschweig, S. 141ff.

Der Prophet Daniel

Daniel in der Löwengrube (Daniel 6)

Später übernahm ein neuer König die Herrschaft in Babylon. Er setzte viele Statthalter und drei Fürsten ein. Daniel war einer der Fürsten. Weil er geschickt und klug war, dachte der König sogar daran, ihn über das ganze Königreich zu setzen.

Da wurden die anderen Statthalter und Fürsten neidisch und schmiedeten Pläne, wie sie Daniel schaden konnten. Sie gingen zum König und sagten: „Der König lebe ewig!" Alle deine Oberen wollen, dass du ein strenges Gebot erlässt. Jeder in deinem Reich darf in den nächsten dreißig Tagen zu keinem anderen als zu dir beten. Wer dagegen verstößt, soll zu den Löwen in die Grube geworfen werden!" Sie wussten nämlich, dass Daniel sich an Gottes Gebote hielt und nur zu ihm betete. Das gefiel dem König, und er ließ das Schreiben aufsetzen. Als Daniel davon erfuhr, ging er in sein Haus. Dort gab es im oberen Stockwerk ein Zimmer mit einem Fenster, das nach Jerusalem zeigte. Hier betete Daniel dreimal am Tag laut zu seinem Gott. Dies tat er auch jetzt, nachdem der Erlass des Königs ergangen war. Da nutzten seine Feinde die Gelegenheit und verrieten Daniel beim König: „Daniel achtet weder dich noch dein Gebot." Dreimal am Tag betet er zu seinem Gott. Du musst ihn in die Löwengrube werfen!"

Als der König das hörte, wurde er traurig. Lange überlegte er, wie er Daniel verschonen könnte. Aber die Männer kamen wieder zu ihm und erinnerten ihn an sein Gebot. Schließlich musste der König befehlen: „Werft Daniel in die Löwengrube." So geschah es. Daniel wurde gefangen genommen und zu den Löwen geworfen. „Möge dein Gott, dem du so treu dienst, dir helfen!", sagte er zu Daniel.

Damit kein anderer Daniel etwas antun konnte, ließ der König den Eingang zur Grube versiegeln. Dann ging er in seinen Palast. Er konnte nicht schlafen und fastete die ganze Nacht. Früh am Morgen stand er auf und lief zur Löwengrube. Besorgt rief er: „Daniel! Hat dich dein Gott vor den Löwen retten können?" Da hörte er Daniels Stimme: „Der König lebe ewig! Mein Gott hat seinen Engel gesandt. Der hat den Löwen den Rachen zugehalten. So konnten sie mir nichts antun. Ich bin doch unschuldig und habe dir nichts Böses getan."

Der König war sehr froh und ließ Daniel aus der Grube holen. Er war tatsächlich unverletzt. Nun ließ der König die Männer, die Daniel verraten hatten, zu den Löwen in die Grube werfen. Sie wurden nicht verschont.

Da ließ der König allen Völkern in seinem Reich verkünden: „In meinem Reich soll man den Gott Daniels verehren.

Er ist der lebendige Gott, der ewig bleibt, und sein Reich ist unvergänglich und seine Herrschaft hat kein Ende. Er ist ein Retter und Nothelfer, und er tut Zeichen und Wunder im Himmel und auf Erden."

Aus: Die Bibel elementar, Calwer Verlag Stuttgart / Deutsche Bibelgesellschaft Stuttgart / Westermann Verlag Braunschweig, S. 141ff.

Baustein 7: Das Gewissen

Benötigte Materialien:
M 10 Bildbetrachtung in zwei Phasen (*farbige Vorlage, Seite 85*)
M 11 Tagebuch einer Zweijährigen

Hinführung: Gemeinsame Bildbetrachtung und Unterrichtsgespräch

Mann auf Bank M 10 in zwei Phasen:

1. Phase: Nur der Mann auf der Bank

Mögliche Leitfragen:
- Beschreibt, was auf dem Bild zu sehen ist.
- Wo könnte die Bank stehen?
- Wie wirkt der Mann auf euch?
- Wie geht es ihm?
- Wo kommt er möglicherweise gerade her?
- Wohin könnte er gehen?
- In welcher Situation könnte er sich befinden?

2. Phase: Mann auf Bank mit Engel und Teufel

Mögliche Leitfragen:
- Wie verändert sich das Bild durch das, was hinzugekommen ist?
- Welche Hinweise gibt uns das ganze Bild auf seine Situation? Von was ist sie gekennzeichnet?
- Sammeln von konkreten Beispieldilemmata, in denen sich der Mann befinden könnte (dieser Schritt kann je nach Lerngruppe auch in Partner- oder Kleingruppenarbeit gegeben und dann auf Folie oder Metaplankarten präsentiert werden)
- Für was stehen der Teufel und der Engel? Welche Rolle spielen sie? Was machen sie? (*innere Stimmen, Berater, Ratgeber, Beeinflussung, Leitung, Wegweiser*)

Erarbeitung: Situation des Mannes und Dialog der inneren Stimmen

Kreative Einzelarbeit:
Die SuS entscheiden sich jeweils für ein Dilemma/eine Entscheidung, die dieser Mann jetzt treffen muss und verfassen einen Dialog zwischen dem Engel und dem Teufel, welche versuchen die Entscheidungsfindung entsprechend zu beeinflussen.

Damit der verfasste Dialog ein rundes Ende findet, kann man als dritten Gesprächspartner am Ende den Mann einführen, der ruft „Schluss jetzt ihr zwei, ich werde … [*getroffene Entscheidung hier formulieren lassen*] …“.

Auswertung:

Einzelarbeit:
Die SuS tauschen untereinander ihre Texte und versuchen herauszufinden, in welcher Situation der Mann im jeweiligen Dialog steckt.
Im Anschluss wird eine Auswahl im Plenum vorgetragen.

Vertiefung:

Unterrichtsgespräch:
Mögliche Leitfragen:
- Wer hat sich da jetzt genau unterhalten? (*Engel, Teufel, innere Stimmen, Gewissen …*)
- Welche Begriffe haben wir für diese Instanz? (*innere Stimme, Gewissen*)
- Kurz gemeinsam eine Definition finden
- Hat dies jeder Mensch? Jeder Mensch immer in gleichem Maße?

Überleitungsfrage:
- Warum laufen diese Dialoge bei unterschiedlichen Menschen unterschiedlich ab und führen zu unterschiedlichen Entscheidungen? – *Das Gewissen ist individuell und bildet sich bei den Menschen ganz unterschiedlich aus, d.h. die Menschen halten unterschiedliche Dinge für unterschiedlich gut oder schlecht.*

Erarbeitung: Wie bildet sich das Gewissen?

Kleingruppenarbeit: Sammeln von Faktoren für die Gewissensbildung
Die SuS sammeln auf Folie oder Metaplankarten Faktoren, d.h. Menschen, Ereignisse, Handlungen, Situationen, etc. die die Gewissensbildung ihrer Meinung nach beeinflussen.

Hilfsfrage:
- Wie kann es im Laufe der Kindheit und Jugend dazu kommen, dass sich manche Mitschüler so verhalten, wie es sich andere niemals trauen würden?

Möglichkeit zur Binnendifferenzierung:
Wenn sich einzelne Schülergruppen zunächst schwertun, kann ihnen als Hilfe der Auszug aus dem „Tagebuch einer Zweijährigen" auf **M 11** ausgeteilt werden, so kommen sie relativ problemlos auf Lob, Tadel und Strafe.

Auswertung:

Präsentation der Gruppenergebnisse:
Die SuS präsentieren die Ergebnisse der Kleingruppenarbeit und erstellen einen persönlichen Aufschrieb mit allen verifizierten Faktoren (*Lob, Tadel, Belohnung, Bestrafung – z.B. durch Eltern und Lehrer; Einflüsse von Freunden, Mitschülern, Clique, Nachbarn; Einflüsse durch die Medien, Religion, Regeln, Gebote, Verbote, Bewertung von anderen durch Emotionen; Reflexion der eigenen Erfahrung bzgl. unternommener Handlungen …*)

Anwendung:

Unterrichtsgespräch anhand **M 11** auf Folie:
Wurde der Auszug aus dem „Tagebuch einer Zweijährigen" nicht zur Binnendifferenzierung eingesetzt, können im Anschluss an die Präsentation hierin einzelne Faktoren wiederentdeckt werden (*Lob, Tadel, Strafe, Bewertung von anderen durch Emotionen*).

Transfer:

Die beiden Transferaufgaben sind als Alternativen zueinander zu sehen. Sie können sowohl in Einzelarbeit als auch als Unterrichtsgespräch durchgeführt werden.

Variante 1: Die SuS erklären den Begriff „Gewissensbisse" und überlegen sich eine konkrete Situation, in der sie ihr Gewissen „gespürt" haben.
Variante 2: Die SuS setzen sich mit der Aussage „Ich möchte nicht in einer Welt leben, in der Menschen kein schlechtes Gewissen mehr haben!" auseinander.

Für Variante 2 können folgende Leitfragen dienlich sein:
- Was könnte es konkret bedeuten, wenn keiner mehr ein schlechtes Gewissen hat?
- Inwiefern wird das für den einzelnen Menschen problematisch?
- Stimmst du dieser Aussage zu? Warum (nicht)?

M 11 Tagebuch einer Zweijährigen

8:00	Nach dem Aufwachen hat Mama Milch gebracht. Habe sie getrunken. Mama sagt: So ist's brav.
9:00	In der Küche gewesen. Ein Glas auf den Steinboden geworfen. Mama war ärgerlich.
9:30	Schrankschlüssel abgezogen und versteckt. Mama schimpft.
10:00	Spiele mit Teddy. Mama lobt.
10:20	Farbstifte gefunden. Tapete bemalt. Mama sehr wütend.
10:40	Stricknadel aus Strickzeug gezogen und krumm gebogen. Zweite Stricknadel in Sofa gesteckt. Mama schlägt auf die Hände.
11:10	Auf Töpfchen gewesen. Mama lobt. Aber dann Händchen ins Töpfchen gesteckt. Mama schrie: Pfui! Strengstens verboten.
11:45	Tausendfüßler bis unter Mauer verfolgt. Dort Kellerassel gefunden. Schmeckt interessant.

Zeichnung: Angelica Guckes. Text aus: Das Kursbuch Religion 2 (2010), S. 108

Baustein 8: Toleranz

Benötigte Materialien:
M 12 Bildbetrachtung (*farbige Vorlage, Seite 86*)
M 13 Text/Arbeitsblatt: Jedem das Seine?

Hinführung:

Bildbetrachtung:
Die SuS betrachten zunächst die erste Abbildung auf **M 12** und beschreiben, was sie sehen.
Je nach Lerngruppe enthalten ihre Beschreibungen möglicherweise bereits erste Interpretationsansätze, welche bei einem so einfach zu beschreibenden Bild durchaus zugelassen werden dürfen.

Bildvergleich:
Darauffolgend vergleichen die SuS die erste mit der zweiten Abbildung und benennen Gemeinsamkeiten und Unterschiede. Die SuS sollten erkennen, dass zwischen den beiden Abbildungen ein Prozess stattfindet: Annehmen und Aufnehmen. Besteht der Wunsch und die Lust zum Weiterphilosophieren kann auch noch die dritte Abbildung gezeigt werden, mit Hilfe derer im Vergleich zu den ersten beiden eine weitere Öffnung des Gesprächs möglich wird.

Erarbeitung und Auswertung: Was ist Toleranz und was nicht?

Gemeinsame Lektüre des Gesprächs auf **M 13** mit verteilten Rollen.

Partnerarbeit:
Zuordnung der Begriffe in den Sprechblasen zu einzelnen Klassenkameraden und Markieren der Belegstellen im Text

- Besprechung im Plenum: den meisten Lerngruppen dürfte es leichtfallen, die Begriffe „Gleichgültigkeit" (*Clemens*), „Neugier" und „Interesse" (*Nele*) und „Verunsicherung" (*Sherilyn*) zuzuordnen.

Einzelarbeit:
Die SuS formulieren selbstständig einen Ausschnitt aus dem Gespräch, das Nele ein paar Tage später tatsächlich mit dem neuen Mädchen führt. Hierfür können sie dem Mädchen einen Namen geben und sollen sich einen passenden Beginn sowie angemessene Fragen von Nele überlegen und in Dialogform notieren.

- Vortrag im Plenum: einige SuS tragen der Lerngruppe ihre Dialoge vor. Die jeweils zuhörenden SuS sollen währenddessen überlegen, ob sie sich als das neue Mädchen in dieser Situation wohlgefühlt hätten, und dies mit einer kurzen Begründung im Anschluss mitteilen.

Unterrichtsgespräch oder Einzelarbeit:
Die Aufgabe zur Unterscheidung von Indifferenz und Toleranz auf diesem Materialblatt eignet sich gut für ein Unterrichtsgespräch, kann aber von den SuS auch zunächst schriftlich beantwortet und im Anschluss vorgelesen werden. Ein Unterrichtsgespräch hat den Vorteil, dass man alle SuS auf den Weg mitnehmen kann, den Unterschied zwischen Gleichgültigkeit (Indifferenz) und „aktiver" Toleranz, die durch Interesse und persönlichen Vergleich geprägt ist, zu verstehen. Diese Einsicht kann unten auf **M 13**, z.B. als Tafelanschrieb festgehalten werden:

„Toleranz" bedeutet mehr als jemanden gleichgültig hinzunehmen und sich nicht weiter um ihn zu kümmern. Nur im Kontakt und im Gespräch, d.h. in der Auseinandersetzung mit der betreffenden Person, kann ich letztlich entscheiden, ob ich sie, ihre Meinung und Haltung wirklich „tolerieren" kann.

M 13 Jedem das Seine?

Drei Klassenkameraden aus der achten Klassenstufe treffen sich in der Mittagspause und unterhalten sich über eine neue Mitschülerin:

Foto: Pixabay/Pexels (cco)

Sherilyn: Habt ihr gesehen, wie die Neue zur Schule kommt?
Clemens: Jaaa, ziemlich abgefahrener Style – diese Cowboystiefel und ihr Westerngürtel. Ich weiß nicht, irgendwie sieht sie aus, als ob sie auf einer Ranch arbeitet und gerade irgendwelche Rinder mit dem Lasso eingefangen hat …
Nele: … nur dass wir halt in Deutschland sind und nicht in Texas …
Clemens: Ein bisschen komisch ist es schon, aber im Unterricht war sie ja eigentlich ganz normal.
Sherilyn: Was heißt denn da normal? So wie du?
Clemens: Nein, niemand muss so sein wie ich. Solange mir niemand vorschreibt, was ich anzuziehen habe und mich in Ruhe lässt, ist mir eigentlich egal, was er oder sie selber anhat. Kann doch jeder machen wie er will.
Nele: Naja, ich fände es schon spannend zu wissen, warum sie so rumläuft. Vielleicht ist sie auch Westernreiterin und geht auch so zum Turnier …
Sherilyn: Ja, zum Westernturnier, aber doch nicht in die Schule! Oder …?
Nele: Also ich glaube, ich frage sie einfach demnächst mal. Ich muss sie sonst immer anstarren und weiß ja, dass ich es anders wohl kaum rausfinden werde …
Sherylin: Glaubst du nicht, dass sie dann sauer wird?
Nele: Warum sollte sie? Wenn sie sich so abhebt durch ihre Kleidung, darf sie doch nicht überrascht sein, wenn man mal nachfragt. Im Gegenteil, ich würde mich glaube ich sogar freuen, dass es jemandem auffällt und er Interesse hat rauszufinden, warum ich das tue.
Clemens: Mann, ihr habt Probleme. Als ob das jetzt so wichtig wäre …

Aufgaben:

- Ordne die folgenden Begriffe den einzelnen Klassenkameraden zu und finde Belege aus der Unterhaltung für deine Wahl.

  Verunsicherung | Gleichgültigkeit | Interesse | Neugier

- Ein paar Tage später findet Nele den Mut und geht auf das neue Mädchen zu. Schreibe einen Ausschnitt aus ihrem Gespräch auf. Überlege dir gut, wie Nele das Gespräch beginnen wird und welche Fragen sie stellt.
- Das neue Mädchen bemerkt, dass Clemens sie meist ignoriert und spricht Nele darauf an. Diese wiederum erzählt Clemens davon, der nur antwortet: „Was hat sie denn? Ich tu ihr doch nichts." Erkläre den Unterschied zwischen Clemens' und Neles Haltung und bewerte sie.

____

____

____

Baustein 9: Christ sein – Kirche sein ... und wie ist das anderswo?

Benötigte Materialien:
M 14 Sammlung beliebter Taufsprüche
M 15 Erinnerungen an Initationsfeste

Vorangehende Hausaufgabe:

Die getauften SuS recherchieren ihre Taufsprüche und wer sie jeweils ausgesucht hat. Diese bringen sie in der darauffolgenden Stunde mit.

Hinführung:

Kennenlernen und Interpretieren verschiedener Taufsprüche:
Die SuS stellen ihre Taufsprüche vor. Hierzu bietet sich visuell gestütztes Vorlesen (unter Dokumentenkamera oder auf ausgeteilten Folienstreifen) an. Darüber hinaus können die SuS erklären, wie sie ihren Spruch verstehen und wie sie ihn selbst bewerten (warum es ein geeigneter/weniger geeigneter Spruch für die Taufe ist). *Alternative*: Wird diese Hausaufgabe nicht gegeben, kann zur Hinführung auch auf die Sammlung beliebter Taufsprüche auf **M 14** zurückgegriffen werden, die dann ebenfalls an die SuS verteilt werden. Dies bietet den Vorteil, dass auch nichtgetaufte SuS in diesem Schritt aktiv beteiligt werden. Werden die einzelnen Taufspruchkärtchen laminiert, kann man sie auch mehrmals verwenden.

Überleitung:

Unterrichtsgespräch über geplante Konfirmation:
Je nachdem in welcher Stufe und zu welcher Zeit im Schuljahr die Unterrichtseinheit eingesetzt wird, müssen die folgenden Leitfragen ggf. angepasst werden. Die aufgeführten beziehen sich auf Klasse 8, wenn die Entscheidung für die Konfirmation bei den meisten gefallen ist und sie sich größtenteils bereits im Konfirmationsunterricht befinden. Je nach Verhältnis zur Schülergruppe sind manche Fragen möglicherweise zu persönlich oder auf Grund der regionalen Situation schwierig zu stellen. Hier sollte man sensibel und wohlüberlegt planen, in welche Richtung man das Gespräch lenken möchte.

Mögliche Leitfragen:
- Wer von euch hat sich dafür entschieden, sich (nicht) konfirmieren zu lassen? Welche Gründe gab es für eure Entscheidungen?
- War die Entscheidung leicht oder schwer?
- Wer hat euch in dieser Entscheidung unterstützt oder vielleicht auch beeinflusst?
- Für was/gegen was habt ihr euch denn genau entschieden?
- Wie sind eure ersten Erfahrungen aus der Konfirmandenzeit? Was habt ihr bereits gemacht und erlebt?
- Habt ihr es euch so vorstellt? Wurden eure Erwartungen erfüllt?
- Wie geht es euch, wenn ihr an das bevorstehende/zurückliegende Fest denkt? Welche Gefühle herrschen vor?

➢ Kennt ihr vergleichbare Feste in anderen Konfessionen oder Religionen – die die Zusage zu Gott und dem Glauben bedeuten? Oder auch andere Feste, die man etwa in eurem Alter feiert? Und ihre Bedeutung? *(Kommunion, Firmung, Jugendweihe, Bar Mitzwa/Bat Mizwa … ➢ Begriff: Initiationsfest)*

Erarbeitung:

Die SuS erhalten mehrere Reflexionen zu verschiedenen Initiationsfesten (**M 15**) und lesen diese in Einzelarbeit. Sie markieren dabei mit verschiedenen Farben, ihnen vertraute und ihnen fremde Gedanken, Gefühle und Einstellungen, sowie wünschenswerte und weniger wünschenswerte Erinnerungen. Inhaltliche Anfragen markieren sie ebenfalls.

Im Anschluss kommt die Gruppe über die verschiedenen Erinnerungen ins Gespräch und teilt ihre persönlichen Einstellungen und Wüsche bezüglich des Christ-Seins in der Zukunft miteinander.

M 14

Eine Sammlung beliebter Taufsprüche

Die Liebe hört niemals auf. *(1.Kor 13,8)*	Ich will dich segnen und du sollst ein Segen sein *(1. Moses 12,2)*	Dein Wort ist meines Fußes Leuchte und ein Licht auf meinem Wege. *(Psalm 119,105)*
Weil du so wert bist vor meinen Augen, wirst du auch herrlich sein, und ich habe dich lieb. (Jesaja 43,4)	Es ist bei eurem Vater im Himmel nicht der Wille, dass eins von diesen Kleinen verloren werde. *(Matthäus 18,14)*	Es soll euer Licht leuchten vor den Leuten, dass sie eure guten Werke sehen und euren Vater im Himmel preisen. *(Matthäus 5,14)*
Was ist der Mensch, dass du seiner gedenkst, und das Menschenkind, dass du dich seiner annimmst? *(Psalm 8,5)*	„Du stellst meine Füße auf weiten Raum." *(Psalm 31,9)*	Siehe ich bin mit dir und will dich behüten, wohin du auch ziehst. (Moses 28,15a)
Wenn ich weissagen könnte und wüsste alle Geheimnisse und alle Erkenntnisse und hätte allen Glauben, so dass ich Berge versetzen könnte, und hätte die Liebe nicht, so wäre ich nicht. *(1. Korinther 13,2)*	Fürchte dich nicht, denn ich habe dich bei deinem Namen gerufen: Du bist mein. *(Jesaja 43,1)*	Siehe, ich sende einen Engel vor Dir her, der Dich behüte auf dem Wege und Dich bringe an den Ort, den ich bestimmt habe. *(2.Moses 23,20)*
Von allen Seiten umgibst du mich und hältst deine Hand über mir. (Psalm 139,5)	Ich liege und schlafe ganz mit Frieden; denn allein du, Herr, hilfst mir, dass ich sicher wohne. (Psalm 4,9)	Er, Gott, wird dich mit seinen Fittichen decken und Zuflucht wirst du haben unter seinen Flügeln *(Psalm 91,4)*
Sei mutig und stark! Fürchte dich also nicht, und hab keine Angst; Denn der Herr, dein Gott, ist mit dir bei allem, was du unternimmst. *(Josua 1,9)*	Der Herr hält dich, wenn du fällst und richtet dich wieder auf. *(Psalm 145,14)*	Denn der Herr hat seinen Engeln befohlen, dass sie dich behüten auf allen deinen Wegen *(Psalm 91,11)*

Christ sein – Kirche sein / Erinnerungen an Initiationsfeste

An meiner Konfirmation waren alle meine Verwandten da. In der Kirche war es ein besonderes Gefühl mit so vielen Leuten gemeinsam zu singen und zu beten und die ganze Aufmerksamkeit lag bei uns Konfirmanden. Danach fand alles in einem schönen Rahmen mit aufwändiger Dekoration statt, worüber ich mir schon Monate im Voraus Gedanken gemacht habe. Es war wie ein zweiter Geburtstag, nur noch größer und festlicher. Im Nachhinein sehe ich es als Geburtstag einer neuen Beziehung zu Gott. Ich bin seitdem pflichtbewusster gegenüber meiner Religion, aber auch im Allgemeinen. Es war der richtige Zeitpunkt meinen Glauben aufzufrischen und zu vertiefen.
Andrea, 17 Jahre

Wenn ich an meine Konfirmation zurückdenke, fällt mir als erstes ein, wie ich und meine Freunde aus der Grundschule im Gemeindehaus in unserem Ort sitzen und unserer Pfarrerin zuhören, wie sie uns von Gott erzählt. Ich kann mich noch genau an die erste Unterrichtsstunde erinnern, als wir uns nach Jahren zum ersten Mal wiedergesehen hatten. Es war wie ein Klassentreffen. Als zweites fällt mir der Festakt am Ende meiner Konfi ein. Alle waren schick angezogen und all unsere Familien und Freunde waren da. Es hatte etwas Vertrautes. Nicht nur, weil viele bekannte Gesichter um mich herum waren, sondern auch weil die Kirche inzwischen zu einer zweiten Schule geworden war. Im Nachhinein kann ich sagen, dass die Entscheidung, mich konfirmieren zu lassen, die richtige war, auch wenn ich mich weniger aus dem Glauben an Gott, sondern eher aus Tradition dafür entschieden habe.
Vanessa, 17 Jahre

Wenn ich jetzt so an meine Konfirmation zurückdenke, dann war sie wirklich nichts Besonderes. Klar, neue und schicke Kleider anzuziehen war mal was anderes, aber im Großen und Ganzen war es einfach nur wie ein größerer Gottesdienst, bei dem mal mehr als zehn Menschen anwesend waren. Das heißt nicht, dass es schlecht war. Es war einfach nur ein wenig langweilig. Damals habe ich mich selbst dazu entschieden, Konfirmation zu machen (tatsächlich nicht wegen des Geldes), weil ich mich als gläubigen Menschen „eingestuft" habe. Jedoch im Nachhinein wäre es besser gewesen, sie wäre ein paar Jahre später gewesen. Vielleicht hätte ich das Ganze dann ein wenig ernster genommen.
Clara, 17 Jahre

Für mich war es nie ein Thema, mich mit der Kirche und ihrer Religion zu beschäftigen. Deshalb habe ich mich auch nicht konfirmieren lassen, weil das Interesse an der Religion nie da war. Auch wenn viele nur wegen des Geldes an der Konfirmation teilnehmen wäre dies kein überzeugendes Argument für mich gewesen. Meiner Meinung nach habe ich richtig entschieden und würde auch heute noch so entscheiden.
John, 17 Jahre

Die Zeit als Konfirmand war für mich eine sehr spirituelle Erfahrung. Denke ich an die Zeit zurück, muss ich direkt an die Übernachtungen im Gemeindehaus denken. Für mich war es der richtige Zeitpunkt, da man alt genug ist zu entscheiden, ob man Teil der Kirche werden möchte. Außerdem lernt man sehr viel Neues und geht eine tiefere Bindung mit Gott ein.
Tom, 19 Jahre

Ich bin nicht getauft und somit auch nicht konfirmiert, weil ich noch keinen wirklichen Bezug zur Religion habe. Heute bin ich immer noch derselben Meinung, da ich finde, dass man in so einem jungen Alter noch keinen wirklichen Bezug zur Religion und zu Gott haben kann / muss. Für mich ist eine Taufe und damit ein Beitritt in die Kirche in Zukunft aber auf jeden Fall eine Option.
Lucas, 16 Jahre

Christ sein – Kirche sein / Erinnerungen an Initiationsfeste

Ich bin zwar nicht getauft, besuche aber trotzdem den Religionsunterricht. Meine Eltern wollten mir die Wahl überlassen, ob ich glaube oder nicht. Jetzt würde ich behaupten, dass es für mich keinen großen Unterschied gemacht hätte, wenn ich konfirmiert worden wäre. Zumindest wüsste ich nicht, was dann anders sein sollte. Demnach bereue ich auch nicht, nicht konfirmiert zu sein.
Anna-Sophie, 17 Jahre

Ich glaube zwar an Gott, aber habe keine Religionszugehörigkeit und glaube größtenteils nicht an die evangelische Religion. Ich versuche noch immer eine Religion für mich zu finden. Meine Eltern haben mir immer die Entscheidung offen gelassen zu welcher Religion ich gehören möchte oder in welchen Unterricht ich gehe. Ich glaube der Zeitpunkt ist für viele zu früh, um zu entscheiden, ob man der Gemeinde beitreten möchte oder nicht, da viele Jugendliche in dem Alter nicht wirklich glauben, um den Sinn und die Wahrhaftigkeit des Glaubens zu verstehen.
Stephanie, 15 Jahre

Am Tag meiner Konfirmation war ich erst sehr aufgeregt, aber auch glücklich, einen Tag mit meiner Familie zu verbringen. Im Nachhinein ist dieser Tag sogar für mich noch wichtiger geworden, da mein Opa wenige Tage später starb und es somit das letzte Familienfest mit ihm zusammen war. Die Entscheidung, mich konfirmieren zu lassen, wurde mir insofern abgenommen, als dass meine Familie sehr christlich ist und es daher selbstverständlich für mich war.
Nele, 16 Jahre

Wenn ich jetzt, zwei Jahre später, an meine Konfirmation denke, fällt mir zuerst ein, wie anstrengend und zeitaufwändig es war, jeden Mittwoch zum Konfirmationsunterricht zu gehen. Dann denke ich aber auch daran, dass es Spaß gemacht hat, die Leute wieder zu treffen, die man aus der Grundschule kennt und wie cool und aufregend die Zeremonie und die Feier danach waren. Besonders aufgeregt war ich bei unserem Vorabendgottesdienst, bei dem wir die auswendig gelernten Texte aufsagen mussten. Aber auch der Konfirmationsgottesdienst an sich war echt spannend. Auf jeden Fall bin ich auch jetzt noch sehr froh, mich konfirmiert haben zu lassen. Und auch den Zeitpunkt finde ich recht gut, weil ich mir einige Jahre zuvor noch nicht wirklich Gedanken darüber hätte machen können.
Felix, 15 Jahre

Viele Jugendliche machen Konfirmation nur wegen des Geldes und diese Tatsache finde ich schade, weil es ein Ritual ist, um sich endgültig zu entscheiden, ob man dieser Religion angehören will. Deshalb finde ich es zu früh, um mit diesem Ritual konfrontiert zu werden. Ich selbst bin Katholik und hatte Kommunion und wurde gefirmt. Ich achtete bei der Kommunion auf den schönen Moment und erst im Nachhinein bemerkte ich, dass ich viel Geld bekommen hatte. Erst später bei der Firmungsvorbereitung habe ich den wahren Sinn dieser Rituale verstanden.
Kirito, 15 Jahre

Die Konfirmation war im Nachhinein mit Freude und Aufregung verbunden. Ich erinnere mich sofort an den Tag zusammen mit der Familie und an die Kirche mit den ganzen Konfirmanden. Ich war stolz, weil ich mich in diesem Alter zu Gott bekennen wollte und bereit war der evangelischen Kirche beizutreten. Ich finde die Konfirmation sehr gelungen, weil man mit seiner Familie die Bekennung zu Gott feiern kann. Es war zudem bei mir das letzte Familienfest mit der kompletten Familie, was für immer in Erinnerung bleibt. Es war für mich immer klar, dass ich mich zu Gott bekennen möchte.
Max, 15 Jahre

Ich hatte keine Konfirmation, da ich nicht evangelisch, sondern methodistisch (eine freikirchliche Konfession, die ursprünglich aus England kommt) bin. Allerdings gibt es bei uns eine ähnliche Feier: Es ist ein Gottesdienst zum Abschluss des kirchlichen Unterrichts, welcher ein Äquivalent (=eine Entsprechung) zum Konfi-Unterricht ist, wird aber meistens „Einsegnung" genannt. Der größte Unterschied zur Konfirmation ist, dass man danach kein Mitglied der Kirche ist. Dafür haben wir eine andere Veranstaltung: die Gliederaufnahme. Diese kann ab 14 Jahren wann immer man sich dafür bereit fühlt abgehalten werden. Ich selbst habe mich bisher noch nicht aufnehmen lassen und es auch in nächster Zeit nicht vor. Die Feier zum Abschluss des kirchlichen Unterrichts selbst ist sehr ähnlich wie die Konfirmation, wobei vieles von Gemeinde zu Gemeinde unterschiedlich ist. Ich durfte beispielsweise den Gottesdienst mitgestalten und wurde natürlich gesegnet. Nach dem Gottesdienst bin ich mit meinen Gästen essen gegangen, wie es ja auch bei der Konfirmation üblich ist.
Carina, 14 Jahre

Wenn ich an meine Konfirmation zurückdenke, habe ich gemischte Gefühle. Zur Konfirmation gehört so viel dazu: Konfirmationsunterricht, der Konfirmationstag selbst, viel Planung und natürlich die Entscheidung ob überhaupt. Als Erstes denke ich jedoch trotzdem an den Konfitag. Meine Konfirmation war wunderschön, vor allem, weil meine ganzen Verwandten sich Zeit für mich genommen haben. Als nächstes denke ich leider an den ziemlich langweiligen Konfiunterricht. Cool war trotzdem, dass ich da neue Freunde kennenlernen konnte und mich mit ihnen über Gott unterhalten konnte. Beim Planen half mir glücklicherweise meine Mutter, und somit hatten wir damit nicht so viel Stress. Als wir schließlich in den Endplanungen waren, wurde ich doch etwas aufgeregt, was ich davor überhaupt nicht war. Für mich war es schon von Anfang an klar, die Konfirmation zu machen. Jedoch kenne ich leider ein paar Jugendliche, die nur wegen des Geldes Konfi gemacht haben. Daher finde ich die Entscheidung etwas zu früh.
Lotta, 15 Jahre

Von meiner Jugendweihe bleibt mir in Erinnerung, dass es eine elegante Veranstaltung mit kultureller Untermalung und großzügigen Geschenken war. Da sie in die unmittelbare „Nachwendezeit" fiel, war auch der üblicherweise zu erwartende politische Input entfallen. Die Verköstigung war opulent, also in etwa wie bei einem Abiball. Es wurde relativ kurzweilig über unser Eintreten in eine neue Entwicklungsphase gesprochen und welche neuen Wege unserer Generation offenstanden, denn in der untergegangenen DDR konnte z.B. nicht einfach jeder Kunstbegabte Architektur studieren, da musste man sich – als Junge – zu 3 Jahren Armeedienst verpflichten. Die Jugendweihe sehe ich selbst eher positiv: ein gehobenes Fest, das das Ende der „Kindheit" im Sinne von „selbst Verantwortung übernehmen" und „im kleinen Rahmen geschäftsfähig werden" einläutet.
Heiko, 39 Jahre

Baustein 10: Lebenswelten der Schülerinnen und Schüler – eine Ausstellung

Dieser Baustein kann die Unterrichtseinheit mit einem Fotoprojekt abrunden, bei dem eine Ausstellung entsteht, die beispielsweise beim Schulfest präsentiert werden kann.
Je nach Gegebenheiten vor Ort, ist eine Kooperation mit dem Fach Bildende Kunst gut denkbar. Es kann eine Ausstellung mit ausgedruckten Fotos in Form einer klassischen Collage erstellt werden, oder auch digital mit einem Bildbearbeitungsprogramm, wobei erst am Ende die einzelnen Teile zusammengefügt und, wenn gewünscht, ausgedruckt werden. Hierfür sind ausreichend Endgeräte und ein leistungsfähiges Netzwerk erforderlich.

Hinführung zum Begriff Lebenswelt:

Unterrichtsgespräch:
Im Plenum wird gemeinsam erarbeitet, welche Teilaspekte der Begriff „Lebenswelt" umfasst.
Familie, Freunde, Tiere, Schule, Hobbys …

Hierzu kann man folgende Hilfsfragen stellen:
- Wer und was gehören momentan untrennbar zu eurem Leben?
- Von wem oder was wollt und könnt ihr euch derzeit nicht trennen, weil sonst ein entscheidender Teil eures Lebens schlicht nicht mehr da wäre?

Die von den SuS genannten Aspekte helfen sowohl bei der Gruppeneinteilung als auch bei der Findung des Titels des jeweiligen Teils der Ausstellung.

Hausaufgabe:

Die SuS werden aufgefordert, zu den unterschiedlichen Teilaspekten Fotos von ihrer Lebenswelt zu machen. Hierfür ist es gut, wenn sie etwa eine Woche Zeit haben und mögliche Motive (Familienfoto, Haustier, Training im Sportverein, Garten …) vorher gemeinsam angesprochen werden. Zu beachten ist an dieser Stelle die aus datenschutztechnischen Gründen nötige Einverständniserklärung der abgebildeten Personen, die die SuS entsprechend einholen und abgeben müssen (siehe Vorlage auf Seite 80). An vielen Schulen wird diese zentral bei der Anmeldung mit eingeholt, nicht jedoch von möglicherweise fotografierten Personen wie Eltern oder Freunden, die nicht an der Schule sind.

Entscheidet man sich für die **analoge Variante** der Ausstellung, erleichtert es die Arbeit, wenn die SuS die Bilder bereits ausgedruckt mitbringen.

Bei **digitaler Bearbeitung** ist es empfehlenswert, die verfügbare Bandbreite des pädagogischen Netzwerks an der Schule vorab zu prüfen, um sicherzustellen, dass für die gleichzeitige Bearbeitung von Bildern auf verschiedenen Endgeräten genug Ressourcen vorhanden sind. Wird mit netzwerkunabhängigen Geräten gearbeitet, sollte für das Mitbringen der Bilder auf portable Speichermedien wie USB-Sticks zurückgegriffen werden, da sich eine schnelle Verbindung mit dem Internet oft nicht realisieren lässt und wenn doch, man mit entsprechenden Wartezeiten beim Download aus Onlinespeichern rechnen muss.

Sichtung des Materials: Zusammentragen der Bilder

Die von den SuS mitgebrachten Bilder werden gesichtet und nach den in der vorhergehenden Stunde gesammelten Teilaspekten gruppiert.

Analog kann das z.B. im Stuhlkreis mit verschiedenen Stapeln geschehen; digital an einem PC mit Beamer. Bereits in dieser Phase sollten doppelte und qualitativ nicht geeignete Bilder, sowie Bilder ohne Zustimmung aller abgebildeten Personen aussortiert, bzw. gar nicht erst den Teilaspekten zugeordnet werden.

Erarbeitung: Erstellen der Ausstellungsteile zu den einzelnen Teilaspekten und deren Zusammenfügung

Jeder Teilaspekt der Ausstellung wird von einer Schülergruppe bearbeitet. Ziel ist es, die vorhandenen Bilder möglichst ansprechend anzuordnen und ein Teilplakat der Ausstellung gemeinsam zu gestalten. Der Titel des Teilaspekts sollte ebenfalls gestalterisch eingefügt werden.

Nach Fertigstellung aller Teilplakate werden diese von der gesamten Gruppe zu einem Ganzen, z.B. auf einer Stellwand zusammengefügt und ein Ausstellungstitel gefunden, z.B. „Lebenswelten der 8b".

Wurde die Ausstellung digital erstellt, kann sie, wenn gewünscht, am Ende auch im Ergebnis digital bleiben. Hierzu eignen sich die Erstellung einer Slide-Show mit (reduzierten) Effekten oder eines Bildervideos. Beide sind besonders wirkungsvoll, wenn sie zusätzlich mit passender Hintergrundmusik versehen werden.
Zusätzlich kann die digitale Vorlage auch ausgedruckt und als Broschüre zum Durchblättern ausgelegt werden.

Einverständniserklärung zur Veröffentlichung von Fotografien und Bildern im Rahmen einer Ausstellung mit dem Thema „Lebenswelten unserer Schülerinnen und Schüler“ im Schulhaus

Hiermit erkläre(n) ich mein/wir unser Einverständnis, dass die Fotografien und Bilder von uns, die unser Kind ______________________ (Name) im Schuljahr ____________ im Rahmen der Unterrichtseinheit *Identität – Auf der Suche nach dem „Ich?“* mit in den Religionsunterricht bringt, für die o.g. Ausstellung im Schulhaus ______________________ (Name der Schule) bis zum Ende des laufenden Schuljahrs verwendet werden dürfen.

Bitte alle abgebildeten Personen aufführen:

Vor- & Nachname: ______________________

Ort, Datum – Unterschrift: ______________________

ggf. Unterschrift Erziehungsberechtigte(r): ______________________

Vor- & Nachname: ______________________

Ort, Datum – Unterschrift: ______________________

ggf. Unterschrift Erziehungsberechtigte(r): ______________________

Vor- & Nachname: ______________________

Ort, Datum – Unterschrift: ______________________

ggf. Unterschrift Erziehungsberechtigte(r): ______________________

Vor- & Nachname: ______________________

Ort, Datum – Unterschrift: ______________________

ggf. Unterschrift Erziehungsberechtigte(r): ______________________

Vor- & Nachname: ______________________

Ort, Datum – Unterschrift: ______________________

ggf. Unterschrift Erziehungsberechtigte(r): ______________________

Baustein 11: Der Film „Billy Eliot“

Benötigte Materialien:
M 16 Bilder aus dem Film „Billy Eliot“ (*farbige Vorlage, Seite 87*)
M 17 Mindmap zu „Billy Eliot“

Im Rahmen einer Unterrichtseinheit zum Thema „Identität“ eignet sich das Zeigen des Films „Billy Eliot“ sehr gut, um einzelne, z.T. bereits erarbeitete, Themen weiter mit Überlegungen und Inhalten zu füllen.

Der Film zeigt einen Teil des Lebens von Billy Eliot, einem Jungen, der sich über den Willen seines Vaters und die Vorstellungen seines Umfeldes hinwegsetzt und Ballettstunden nimmt, anstatt an seinem Boxtraining teilzunehmen. Er kämpft gegen etliche Vorbehalte und viele gängige Vorurteile an und verwirklicht seinen Traum: am Ende wird er professioneller Balletttänzer und kann durch seine Authentizität auch seinen Platz in seiner Familie wiederfinden.

Es werden im Folgenden einige Ideen zum Umgang mit dem Film vor, während und nach dem Sehen gegeben, die beliebig ausgewählt und kombiniert werden können. Je nach Lerngruppe können so gezielt Aufgaben bearbeitet werden, die zum Lernstand der Klasse und zur Zielsetzung der Lehrperson passen. Auf jeden Fall sollte eine Auswahl getroffen werden, da zu häufiges Unterbrechen und viele ähnliche Aufgaben eher demotivierend wirken und wenig zielführend sind. Auch gegen eine Filmrezeption ohne Unterbrechung ist bei diesem Film nichts einzuwenden. Es lassen sich auch im Anschluss an das Sehen noch zahlreiche Verknüpfungen und Vertiefungen zu bisher behandelten Inhalten herstellen und fruchtbar machen.

Vor dem Sehen:

- Die SuS schreiben auf oder berichten im Plenum, bei was oder zu was sie motiviert sind zu üben bzw. gute Ergebnisse zu erzielen, und – wenn sie es benennen können – warum dies so ist.
- Die SuS sehen ein Bild von Billy Eliot und seines Vaters (**M 16**).
  Sie spekulieren individuell oder in Partnerarbeit über vorgegebene Aspekte und halten diese für sich fest (**M 17**).
  - Billy Eliot: Familiensituation / Interessen / Hobbies / Stärken / Schwächen / …
  - Billys Vater: Beruf / Charaktereigenschaften / …

Während des Sehens:

- Überprüfung und ggf. Korrektur der Spekulationen zu Billy und seinem Vater
- Verschiedene Standbilder aus dem Film können als Grundlage für kreative Bausteine dienen. Bei der untenstehenden Auswahl liegt der Schwerpunkt auf dem Einüben von Empathiefähigkeit und kreativer Produktion.

Zeit	Bildbeschreibung	Kreativer Unterrichtsbaustein
3:10	Billy schockiert, leeres Bett	Gemeinsame Spekulation im UG: Was bereitet ihm diesen Schrecken?
9:10	Billy (nachdenklich) am Boxsack	Innerer Monolog
15:17	Billy und Debby auf Bank	Dialog
21:02	Billy nach Drehung	Gemeinsames „Gedankeneinfangen“ von Billy
24:59	Entsetzter Vater	Innerer Monolog
25:03	Entsetzter Vater	In EA über Worte des Vaters spekulieren und seine „Ansage“ notieren
25:38	Billy und sein Vater	Dialog über Ballett aufschreiben
49:52	Billy am Kühlschrank	Innerer Monolog
1:01:01	Billy nach Tanz vor der Wand	Innerer Monolog
1:06:47	Billy und Vater nach Tanz	Dialog
1:25:32	Billy nach dem Vortanzen	EA: Billys Antwort schreiben auf die Frage „Was ist das für ein Gefühl, wenn du tanzt?“
1:29:12	Billy nimmt Brief an sich und schließt hinter sich die Tür	UG über die Bedeutung des Schließens der Tür
1:30:32	Billy nach dem Lesen des Briefs	UG: Interpretation des Gesichtsausdrucks: Spekulation, was in dem Brief steht: Sind Zusage und Absage möglich?

Nach dem Sehen:

Unterrichtsgespräch über das eingangs Spekulierte und persönliche Motivation

Mögliche Leitfragen:
- Inwiefern weichen unsere Vermutungen vom Geschehen ab? Wo lagen wir richtig, wo falsch?
- Warum weichen unsere Ideen (so stark) ab?
- Wie kommen wir zu unseren Annahmen? Worauf gründen diese? (*geschlechtsspezifische Erwartungen, Orientierung an uns Vertrautem …*)

Das letzte Bild vom hüpfenden Billy auf **M 16** kann unterstützend zum Erfassen und Rekapitulieren seiner Persönlichkeit verwendet werden.

Mögliche Leitfragen:
- Warum ist Billy motiviert fürs Balletttanzen?
- Vergleicht diese Gründe mit euren von vor dem Film.

Weiterführendes Unterrichtsgespräch:

Mögliche Leitfragen:
- Ist Billy ein Vorbild und wenn ja inwiefern? In welchen Bereichen?
- Welche Rolle aus dem Film hättet ihr am liebsten? Warum?

Kreativer Dialog in Partnerarbeit:

Anforderungssituation: Ein Freund findet die Billy Eliot DVD bei dir zu Hause im Regal, nimmt sie in die Hand und fragt dich nach dem Film. Er kennt ihn selbst nicht und möchte wissen, wovon er handelt und wie du ihn findest.

Aufgabe:
Schreibt zu zweit einen Dialog, in dem der Freund diese beiden großen Fragen beantwortet bekommt. Zwischendrin stellt er jedoch auch noch weiterführende Fragen z.B. zum Inhalt des Films oder zur Begründung der eigenen Meinung zum Film. → Präsentation im Plenum: Die SuS lesen ihre Dialoge vor.

M 17

Der Film „Billy Eliot“

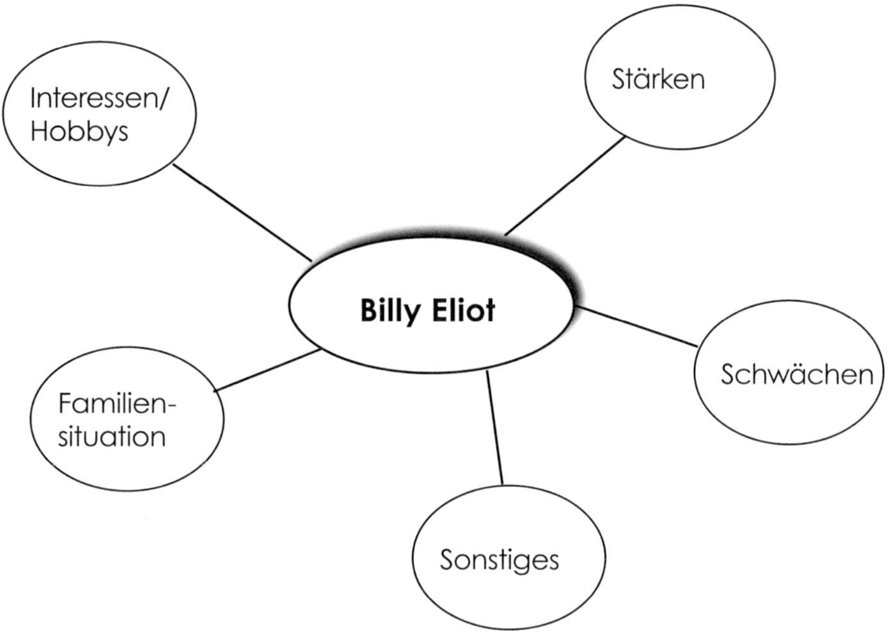

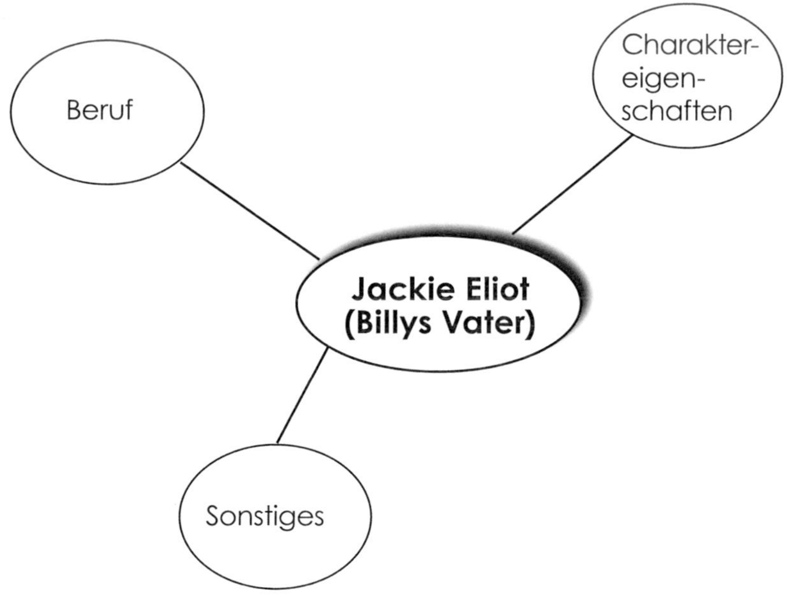

M 1

© moosehenderson / stock.adobe.com

© Bernhard Jäger, „Paar Rot und Blau" 1987, Aquarell

M 10

© Ollyy / shutterstock.com

© Ollyy / shutterstock.com

M 12

Zeichnungen: Angelica Guckes

M 16

© Photo: Giles Keyte; BBC

© A.F. ARCHIVE Alamy Stockfoto

© Pictorial Press/Alamy Stockfoto